Sigrid-Maria Größing

Glück gehabt!

Großgmain, 22.05.16

Für unsere lieben
Golffreunde
Moni und Egmar
herzlichst!
Sigrid

Sigrid-Maria Größing

Glück gehabt!

Unsere Schiffs- und Urlaubsabenteuer

AMALTHEA

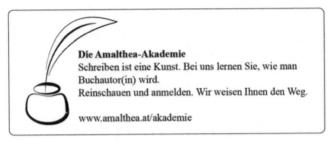

Die Amalthea-Akademie
Schreiben ist eine Kunst. Bei uns lernen Sie, wie man Buchautor(in) wird.
Reinschauen und anmelden. Wir weisen Ihnen den Weg.

www.amalthea.at/akademie

Besuchen Sie uns im Internet unter
www.amalthea.at

© 2012 by Amalthea Signum Verlag, Wien
Alle Rechte vorbehalten
Schutzumschlaggestaltung: Silvia Wahrstätter vielseitig
© Can Stock Photo Inc. / vectomart
Herstellung: WWproject
Gesetzt aus der 12/14,5 pt Caslon
Gedruckt in der EU
ISBN 978-3-85002-818-9

*Für meine Tochter Gudrun,
die als Spätgeborene das Pech hatte, nicht an unseren
abenteuerlichen Reisen teilnehmen zu können.*

Inhalt

An meine reisefreudigen Leser   9

Wir lagen vor Madagaskar und hatten Feuer
an Bord   13

Mit unserer Hochzeitsreise fingen
die Abenteuer an   53

Jugoslawien hielt auch weiterhin Abenteuer
für uns bereit   63

Rom bei Nacht   73

Fast eine griechische Tragödie   83

Marokko einmal ganz anders 93

Die Wüste ruft   105

In Jugoslawien erwartete uns Schreckliches   115

Die »Ten-Adventures« in den USA   121

Unser Dschungelabenteuer begann in einer
Faschingsnacht   139

Ein Albtraum auf der Trauminsel Bali   147

Abenteuerliche Vortragsreise in Polen   159

Beeindruckendes China   171

Bange Minuten in Istanbul   177

Alle zehn Meter liegt ein versunkenes Schiff . . .   185

Noch ein letztes Wort . . .   199

An meine reisefreudigen Leser

Liebe Reisefreunde, mit diesem Buch will ich Sie zwar nicht einladen, mit uns auf große Fahrt zu gehen – Sie werden lesen, warum – aber vielleicht kommen Sie im Geiste mit auf unsere abenteuerlichen Reisen, auf denen wir, ohne dass wir es wollten, die unterschiedlichsten, manchmal sehr unangenehme oder auch komische Erlebnisse hatten.
Dabei wollten wir alles andere als Abenteuer. Natürlich zog es uns schon sehr bald, nachdem wir den Kinderschuhen entwachsen waren, in die damals noch größtenteils unbekannte Ferne – zuerst in Europa, dann in Nordafrika und viele Jahre später über die Ozeane ans andere Ende der Welt. All die Ziele suchten wir teils mit öffentlichen Verkehrsmitteln zu erreichen, teils mit dem Auto und später auch mit dem Flugzeug. Wir reisten nicht mit Rucksack und beschlossen auch nicht, auf Schusters Rappen durch die Lande zu ziehen, campierten nicht unter Brücken oder schliefen auf Parkbänken,

Glück gehabt!

sondern wählten höchst konservativ Hotels und Schiffe aus, von denen wir annahmen, dass wir einen interessanten, jedoch großteils vorhersehbaren Urlaub verbringen und Land und Leute erleben und kennenlernen würden.
Fünfzehn Mal kam es anders als gedacht und geplant. Unsere Vorstellungen vom »Traumurlaub« haben sich als frommer Wunsch herausgestellt, wir stolperten von einem Abenteuer ins nächste und waren meist heilfroh, wenn alles schlussendlich doch gut ausging. Wenn wir dann zu Hause am warmen Kamin unsere Abenteuer schilderten, kam von unseren Freunden meist der launige Kommentar: »Wer nichts erlebt, kann nichts erzählen!«
Gott sei Dank haben wir einiges erlebt, von dem in diesem Buch berichtet werden soll. Manchmal werden Sie beim Lesen denken »so ein Pech« oder »wie konnte so etwas passieren«. Aber ab und zu taucht bei Ihnen sicherlich die Frage auf »Sind diese Leute nicht endlich einmal gescheiter geworden?« Das haben wir uns nach gewissen Situationen selber gefragt – anfangs waren wir jung und dumm und später älter und auch nicht viel vorsichtiger und gescheiter.
Natürlich gab es in unserem Leben auch Abenteuer, für die wir nichts konnten. Wer rechnet schon damit, wenn er eine Kreuzfahrt auf einem großen Schiff bucht, dass das Schiff in einem Orkan Schlagseite bekommen könnte oder gar nach einem Brand manövrierunfähig wird?

An meine reisefreudigen Leser

Aber da ich mit diesem Buch, das von meinen bisherigen historischen Büchern gänzlich abweicht, unsere abenteuerlichen Reiseerlebnisse noch erzählen kann, war alles halb so schlimm. Heute können wir über unsere Abenteuer lachen und ich hoffe Sie mit uns. Daher nur Mut – beim Lesen und natürlich beim Reisen!

Ihre Sigrid-Maria Größing,
Großgmain im Oktober 2012

Wir lagen vor Madagaskar und hatten Feuer an Bord

Ich frage Sie, liebe Leserin, lieber Leser: Wer von Ihnen nimmt Rettungshinweise oder Rettungsübungen ernst, wenn Sie auf Reisen gehen? Im Flugzeug sieht man sich leicht gelangweilt an, was die Stewardessen demonstrieren, den Ernstfall will sich aber niemand vorstellen, genauso wenig wie eine Katastrophensituation an Bord eines Schiffes. Dramen spielen sich schließlich höchstens im Theater oder bei anderen ab. Auch wir waren vor derlei Überlegungen nicht gefeit und empfanden daher die Rettungsübungen, die man zu Beginn einer jeden Reise auf einem Kreuzfahrtschiff zu absolvieren hat, als eher lästig. Wann würde man schon in eine Situation kommen, in der man die Rettungsboote besteigen muss?
Als in den späten Mittagsstunden das Alarmsignal auf der »Costa Allegra« ertönte, reagierten wir zunächst kaum, ja, wir fragten uns, was es mit den warnenden Tönen auf sich haben sollte. Immerhin schipperten wir mitten am Ozean dahin und hatten

Glück gehabt!

nicht den Eindruck, dass die »Allegra« auf ein Riff aufgelaufen war. Und ein Brand auf dem Schiff? Undenkbar.
Und doch war es so. Ein unglücklicher Zufall, den wir glücklicherweise überlebten. Unsere Seereise hätte ein bitteres Ende nehmen können, hätte nicht der Wettergott ein Einsehen mit uns armen Schiffbrüchigen gehabt und seinen Winden geboten, unser Schiff nicht zum Kentern zu bringen. Dabei wüteten Zyklone vor und hinter uns und zogen eine Spur der Verwüstung nach sich.

Dass wir die Fahrt auf der »Costa Allegra« überhaupt unternommen hatten, war mehr oder weniger Zufall gewesen. Eigentlich wollten wir mit der »Queen Mary II« von Dubai nach Southampton fahren. Buchstäblich im letzten Augenblick bevor wir diese Reise buchten, fiel uns eine Ankündigung der Costa-Reederei ins Auge, wobei wir vor allem von der angebotenen Route begeistert waren. Was machte es da schon aus, dass die »Allegra« bereits in ein beträchtliches Alter gekommen war und keine Außenkabinen mit Balkon besaß. Auf unseren vergangenen Reisen hatten wir es schätzen gelernt, auf dem Balkon zu sitzen, um entweder stundenlang aufs weite Weltmeer hinaus zu schauen oder in Küstennähe den Reiz der Landschaft aus einer völlig anderen Perspektive auf uns wirken lassen zu können.
Auch die Vorstellung, dass wir das Horn von Afrika

passieren würden, bereitete uns keine Sorgen, erzeugte vielleicht sogar etwas Spannung, obwohl immer wieder Berichte von Piraten, die Schiffe kaperten, durch die Medien geisterten. Wir hatten aber zu unserer Beruhigung gelesen, dass allein Deutschland ein großes militärisches Aufgebot in diese Gegenden schickte. Laut Presseberichten kostet die Sicherung jener unsicheren Schifffahrtsroute die deutschen Steuerzahler 100 Millionen Euro pro Jahr. Es müsste schon mit dem Teufel zugehen, sollte unser Schiff gekapert werden – so dachten wir wenigstens, als wir uns entschlossen, wieder auf große Fahrt zu gehen, die uns von Mauritius über La Reunion, Madagaskar, die Seychellen, dann ums Horn von Afrika in den Oman, weiter über Ägypten, Jordanien bis nach Savona führen sollte.

Obwohl in Internetberichten über das Schiff so manche Kritik am Zustand der »Costa Allegra« zu finden war, überlegten wir nicht lange und buchten in einem Kärntner Reisebüro diese ausgedehnte Fahrt. Da wir nicht allein auf diese lange Reise gehen wollten, riefen wir unsere Reisegefährten, die Ehepaare Ratzenberger und Kern an, die uns schon ums Kap Hoorn begleitet hatten, und fragten sie, ob sie Interesse hätten, mit uns zu kommen. Ratzenbergers erreichte ich in Rom, wo sie sich spontan entschlossen, mit uns zu fahren. Auch Kerns waren begeistert, immerhin hatten die beiden, die wahre Weltreisende sind, schon zweimal Anlauf genom-

Glück gehabt!

men, die Route ums Horn von Afrika zu nehmen. Das hätte für uns ein schlechtes Omen sein müssen, wären wir abergläubisch gewesen, denn auch »aller schlechten Dinge sind meist drei« – und zweimal waren Kerns schon gescheitert. Sie konnten nicht ahnen, dass das dritte Mal unmittelbar bevorstand.

Seltsamerweise stand die Reise von allem Anfang an unter keinem guten Stern. Irrtümlich hatte man auf unserem Dinerskonto, von dem aus wir die Reise bezahlten, den eineinhalbfachen Reisebetrag abgebucht. Wer an dieser Fehlleistung schuld war, ließ sich bei unserer Reklamation nicht eruieren, Aufregung gab es deshalb aber genug. Kaum war dies geklärt, erfuhren wir, dass unser Flug von Salzburg nach Frankfurt keineswegs gesichert war, da am Flughafen Frankfurt das Bodenpersonal in einen Streik treten wollte, um dieselbe Entlohnung wie die Kollegen aus München zu erhalten. Als wir daher zum Vorabend-Check-In kamen, riet man uns am Salzburger Flughafen, eine Vormittagsmaschine nach Frankfurt zu nehmen, sodass wir im Falle des Falles einer Stornierung immer noch mit dem Zug nach Frankfurt hätten fahren können. Auf diese Weise würden wir die Maschine nach Mauritius am Abend erreichen, da die Überseemaschinen unter allen Umständen abgefertigt werden sollten. So lautete die Information vom Frankfurter Flughafen. Wie wir allerdings zu dem eingecheckten Gepäck kommen sollten, konnte uns kein Flughafenbeamter sagen.

Wir lagen vor Madagaskar und hatten Feuer an Bord

Wider Erwarten klappte der Flug, wir kamen am Vormittag pünktlich in Frankfurt an und schlugen am Flughafen die Zeit tot.
Da wir sechs uns gut verstanden und immer ein interessantes Gesprächsthema fanden, stellte sich das nicht als schwierig heraus. Ohne große Schwierigkeiten vonseiten der Zoll- und Passkontrolle saßen wir schließlich glücklich in der Maschine nach Afrika. Flug und Transfer verliefen glücklicherweise problemlos, erst im Hotel tauchten wieder Schwierigkeiten auf, da unsere Zimmer noch nicht fertig waren. Wir sollten uns noch ein paar Stunden gedulden. Mit unserer dicken Winterkleidung saßen wir nun bei mindestens 30 Grad Celsius und 99 Prozent Luftfeuchtigkeit schwitzend in der Lobby. Unsere Nerven waren trotz des Aperitifs, der uns gereicht wurde, leicht angespannt. Nach einiger Zeit des schweißtreibenden Herumsitzens beschlossen Stefan und ich, ein kühles Bad im Indischen Ozean zu nehmen. Dies war leichter gesagt als getan. Wo sollten wir uns umziehen? Die Toiletten waren zu klein und auch sonst gab es keine Gelegenheit, um sich unbemerkt die Badesachen anziehen zu können.
Aber auf Reisen wird man irgendwie hemmungslos, und so ließen wir einfach mitten in der Hotelhalle unsere Hüllen fallen, kaum geschützt von einem Meer von Koffern, die hier deponiert waren. Das »kühle Bad« entpuppte sich mehr als Wannenbad – das Meer hatte wie die Luft fast dreißig Grad, die

Glück gehabt!

Sonne brannte unbarmherzig vom Himmel –, von Erfrischung konnte keine Rede sein.

Endlich bekamen wir die Zimmerschlüssel. Da unser Zimmer weit vom Haupthaus entfernt war, wurden wir mit einem kleinen Elektrokart dorthin gebracht. Allerdings stellte sich bald heraus, dass wir in einer Art Dependance gelandet waren. Die Zimmer unserer Reisegefährten hatten direkten Blick und Zugang zum Meer, während unsere Räumlichkeiten auf die Schattenseite, auf einen Park hinaus blickten. Dies hätten wir noch anstandslos hingenommen, aber der Marsch von unserem Domizil zum Haupthaus in der brütenden Hitze, die für uns völlig ungewohnt war, erwies sich als nicht besonders angenehm. Aber so wie immer und überall hat jedes Ding zwei Seiten. Wir hatten den Vorteil, dass unmittelbar vor unserem Quartier ein wunderschöner Swimmingpool lag, in dem man den Eindruck hatte, als schwimme man direkt in den unendlichen Indischen Ozean, man aber nicht die Steine, die Wellen oder andere Unannehmlichkeiten fürchten musste.

Da wir erst am dritten Tag nach unserer Ankunft auf Mauritius aufs Schiff gehen sollten, erkundeten wir am nächsten Morgen die Insel mit dem Taxi. Wir hatten Glück, dass gerade in der Zeit, die wir auf Mauritius verbrachten, eine große Hindi-Wallfahrt stattfand, etwas für uns völlig Ungewöhnliches, Exotisches. Da der Hauptteil der Mischbevölkerung auf Mauritius aus Hindis besteht, ziehen sich die

Wir lagen vor Madagaskar und hatten Feuer an Bord

Feierlichkeiten über Tage hin, die Prozessionen, die durch die Straßen wandelten und bei denen üppig geschmückte Heiligtümer mitgetragen wurden, waren endlos. Am nächsten Tag konnte man allerdings aufgrund der verschmutzten Straßen genau feststellen, welchen Weg die Gläubigen eingeschlagen hatten.
Wir verbrachten zwei stimmungsvolle Abende in unserem Hotel, einmal bei einem üppigen Buffet im Hauptrestaurant und einmal romantisch am Meer bei Kerzenschein und einer guten Flasche Wein.
Die Einschiffung am nächsten Tag ging planmäßig vonstatten. Wir wurden zum Hafen gebracht, wo die Formalitäten überraschend schnell erledigt waren. Alle Reiseteilnehmer erhielten Nummern, wobei die unsere, wie wir erstaunt feststellten, nicht auf einem Zettel gedruckt, sondern nur mit der Hand hingekritzelt war. Wir sollten bald den Grund für diese Maßnahme erfahren. Wahrscheinlich hatte man die Kabine, die diese Nummer trug, aus dem Verkehr gezogen, da die Klimaanlage nicht funktionierte und die Luft in dem Raum seit Tagen so abgestanden war, dass einem schon nach wenigen Minuten übel wurde. Zunächst versuchte Stefan, die Klimaanlage einzuschalten, denn die Hitze in dem Raum war unerträglich. Er drehte den Einschaltknopf hin und her, aber ohne Ergebnis. Schließlich kamen wir zu dem Schluss, dass wir uns an einen Steward wenden mussten, vielleicht konnte er die Klimaanlage aktivieren. Schweißtriefend standen wir

Glück gehabt!

da und warteten, rund um uns die Koffer in der engen Kabine, denn man hatte uns eine Vierbettkabine gegeben, obwohl wir selbstverständlich nur eine Zweibettkabine gebucht hatten. Durch die hochgeklappten zusätzlichen Betten wurde der Raum derart verkleinert, dass wir keine Ablagemöglichkeiten fanden.

Unsere Reisegefährten hatten wesentlich mehr Glück, obwohl sie später als wir gebucht hatten: Beide Ehepaare hatten reguläre Zweibettkabinen mit schönen Ablagekästen und die Möglichkeit, direkt zum Bullauge zu gehen, um hinauszuschauen – was bei uns auch nicht möglich war, da unser Bett direkt vor dem Fenster stand – und sie hatten vor allem eine funktionierende Klimaanlage, die die Kabine wunderbar kühlte.

Natürlich reklamierte Stefan sofort unsere unmögliche Kabine, wobei ihm von den Angestellten der Reederei Costa kaum Gehör geschenkt wurde. Man sagte ihm, wir müssten uns gedulden, bis die Einschiffung abgeschlossen wäre. Bis dahin sollten wir in unserer heißen, stickigen Kabine bleiben. Wir waren empört. Aber jede weitere Reklamation wurde mit einem Achselzucken vonseiten des Personals abgetan. Nach zwei Stunden ließ man sich schließlich dazu herab, uns einen Techniker zu schicken, der die halbe Decke abmontieren musste, um nach dem Schaden zu suchen. Aber auch nach diesen Reparaturversuchen funktionierte die Anlage nicht.

Wir lagen vor Madagaskar und hatten Feuer an Bord

Noch gaben wir die Hoffnung nicht auf und warteten und warteten, um eine andere Kabine zu bekommen. Als sich von der Schiffsbesatzung niemand mehr sehen ließ, riefen wir in unserer Verzweiflung die Kärntner Agentur an, über die wir die Reise gebucht hatten. Auch hier stießen wir auf taube Ohren, da man uns dezidiert erklärte, dass man vonseiten der Agentur nichts unternehmen könne, da man keinen Einfluss auf die Entscheidungen der Reederei Costa hätte.

Wir waren verzweifelt! In dieser Kabine konnten wir unmöglich bleiben. Wir drohten das Schiff zu verlassen, aber auch dies machte keinen Eindruck auf die Verantwortlichen. Erst als Stefan verlangte, dass man ihm schriftlich bestätigen sollte, dass die Klimaanlage nicht funktionierte und das Argument vorbrachte, dass ich einen Herzanfall in dieser heißen Kabine bekommen könnte, wurde man plötzlich hellhörig. Im nächsten Moment hatte man doch eine andere Kabine zur Hand. Anstatt uns dem ganzen Ärger auszusetzen und uns stundenlang warten zu lassen, wäre es ein leichtes gewesen, uns sofort eine andere Kabine anzubieten, denn später erfuhren wir, dass nur 600 anstatt der geplanten 800 Reisenden an Bord waren. – Der Unstern funkelte heftig!

Auch die nächste Kabine war klein, aber die Kühlung funktionierte und so nahmen wir in Kauf, unsere abgelegte Kleidung auf den Koffern zu deponierten, denn ein drittes hochgeklapptes Bett

Glück gehabt!

verringerte den ohnedies beengten Raum. Es gab für uns aber keine andere Möglichkeit, als diese Kabine zu akzeptieren, wir mussten uns mit der Situation abfinden.

Der nächste Ärger wartete schon auf uns, denn wir sechs, die wir zusammenbleiben wollten, sollten zu verschiedenen Zeiten die Mahlzeiten einnehmen, obwohl wir schon in Österreich im Voraus die Tische gebucht hatten. Aber hier an Bord schien man keine Ahnung davon zu haben und nur durch die Gutmütigkeit des Chefmaître war es möglich, dass wir gemeinsam zu Abend essen konnten.

Am Abend des nächsten Tages erklangen die Töne des italienischen Schlagers »Con te partirò«. Sie waren das Zeichen, dass die »Costa Allegra« die Anker lichtete und Kurs auf La Réunion nahm. Die Ausfahrt aus dem Hafen von Mauritius verlief stimmungsvoll – irgendwie ist es ein eigentümliches Gefühl, einen Ort zu verlassen, von dem man weiß, dass man ihn nie wiedersehen wird.

Kaum hatte das Schiff den Hafen verlassen, als die Passagiere, so wie dies auf allen Schiffen üblich ist, zu einer Rettungsübung aufgefordert wurden. Sämtliche Reisende hatten sich mit den umgeschnallten Rettungswesten an ihren »Rettungspoints« einzufinden, wo wir instruiert wurden, wie wir uns im Notfall zu verhalten hätten. Stefan und mir war der »Rettungspoint« im Theater zugewiesen worden, während unsere Reisegefährten sich an anderen Stellen einzufinden hatten. Die Unterweisungen fanden in mehreren Sprachen statt, aber wir hatten das Glück, dass die Dame, die uns betreute, eine gebürtige Deutsche war, sodass wir die Anleitungen, die sie gab, auch verstehen konnten. Dies war nicht immer so und ich wandte mich mit Recht einmal an den Reiseveranstalter, um mich zu beschweren, da die angeblich deutschen Informationen völlig unverständlich waren. Eine echte Katastrophe im Ernstfall.

Aber wer denkt schon an kritische Situationen, wenn er eine Kreuzfahrt bucht? Katastrophen passieren immer nur den anderen, davon ist jeder überzeugt. Auch ich vertrat immer die Meinung, dass der Ernstfall nie eintreten würde.

Am nächsten Morgen legten wir in Réunion an, eine Insel, die immer noch zum französischen Kolonialgebiet gehört und damit zur EU. Dies erkennt man auf Schritt und Tritt: Alles auf der Insel ist wohlgeordnet und sauber, die Häuser, die sich an die Berghänge schmiegen, sind modern und gepflegt, die Straßen großzügig und breit. Verwahrlosten Menschen begegneten wir hier nicht. Wir hatten den Eindruck, dass auf der Insel geradezu Wohlstand herrsche, dass die Bewohner mehr hatten, als nur das zum Leben Nötigste. Später erfuhren wir, dass Réunion zu den teuersten Gebieten in Afrika gehört. Schade, denn für uns wäre es eine Insel zum Wiederkommen, nicht nur aufgrund des Lebensstils, auch die phantastische Landschaft könnte uns hierher locken. Niemals zu-

Glück gehabt!

vor sahen wir so eine Kraterlandschaft, wild und zerklüftet. Der Eindruck war gewaltig, als wir mit dem Bus vom Meeresspiegel bis auf 2.200 Meter fuhren, durch alle Vegetationszonen, von den üppigen tropischen Palmen bis hinauf ins karge Latschengebiet. Und plötzlich standen wir auf dieser Höhe vor einer ausgedehnten lavaschwarzen Schlucht, in der wir einzelne Ortschaften erkennen konnten, zu denen aber keine Straßen führten, nur kleine Wege. Diese Weiler müssen aus der Luft versorgt werden, da es keine anderen Transportmöglichkeiten gibt. Im Hintergrund, abgehoben von dem dunklen Lavagestein, ragten Vulkane in den Himmel, über 3.000 Meter hoch. Majestätisch – unwirklich. Ein lockendes und besonders eindrucksvolles Ziel für so manchen Bergsteiger.

Nach einem kurzen Aufenthalt auf einer Parfumfarm, der natürlich Bestandteil des Ausflugsprogrammes war, kehrten wir auf unsere »Allegra« zurück und machten es uns, so weit es ging, gemütlich. Große Annehmlichkeiten bot das Schiff nicht. Der Pool war winzig, man fand in ihm nur einen Stehplatz, wenn man sich während des Tages erfrischen wollte. Wir befanden uns vom Äquator nicht allzu weit entfernt und die Sonne brannte unbarmherzig vom Himmel. Leider war es für mich nicht möglich, in aller Früh vielleicht doch ein paar Züge im Pool zu schwimmen, da das Schwimmbad seltsamerweise nicht geöffnet war. Daher blieb uns zunächst nichts anderes übrig, als »am Stand« zu schwimmen. Allerdings war ich auch hier über die Tatsache froh, dass es anscheinend so viele wasserscheue Menschen gibt, die auch in der glühenden Hitze ihren »heiligen Leichnam« nur etwas benetzen wollten, sodass ich, wenn ich Glück hatte, in dem »Spucknapf« allein schwimmen konnte. Seit dieser Zeit kann ich mir vorstellen, wie einem Fisch in einem Aquarium zumute ist.

Am Abend erklang wieder unser Abschiedssong und es ging weiter nach Madagaskar, eine Insel, auf die ich mich besonders freute. Immerhin kannte man sie schon Jahrzehnte nicht nur aus dem ominösen Lied. Als junges Mädchen hatte ich verschiedene Abenteuergeschichten, die auf Madagaskar spielten, gelesen und war neugierig, Land und Leute kennenzulernen.

Madagaskar war Enttäuschung pur. Als wir mit dem Shuttlebus vom Hafen zum Markt in Tamatave fuhren, bekamen wir einen ersten Eindruck von den Zuständen in Schwarzafrika. Das Auto fuhr zickzack, um nicht in den riesigen Schlaglöchern zu versinken. Überall, wohin das Auge schaute, lagen Plastikmüll, leere Dosen, Tierhäute, die von Fliegen wimmelten, Papier und Kartons, Essensreste und halb vermoderte Kleidung. Ein ekelhafter Anblick. Noch aber hatten wir die Hoffnung, dass die Innenstadt anders aussehen würde. Als das Auto vor Dutzenden Marktbuden stoppte und der Fahrer uns auszusteigen hieß, wurden wir augenblicklich von einer Schar von Händlern, Bettlern und Kindern umringt, die geradezu Körperkontakt suchten. Es war unmöglich, auch nur einen Schritt zu tun, uns blieb fast die Luft weg. An ein Weiterkommen war nicht zu denken. Da wir nichts kaufen wollten und nicht die Chance hatten, irgendwie nur ein paar Schritte zu tun, hatten wir nur den einzigen Wunsch: Zurück, zurück zu unserem Schiff. Weg aus dieser Menschenmenge, die uns bedrängte. Wir schauten uns nach einem Shuttle um, das uns zurückfahren sollte, als uns ein junger Mann, der mit einer Rikscha angeradelt kam, ansprach, ob wir nicht um fünf Euro eine Stadtrundfahrt machen wollten. Obwohl ich es nicht gerne habe, wenn andere Leute sich für mich abplagen müssen, sahen wir in dieser Fahrt die einzige Gelegenheit, um etwas von der Stadt sehen zu können. Wir bestiegen vor einem riesigen Müllhaufen die Rikscha, nachdem wir den Preis akzeptiert hatten und gaben dem Fahrer Order, uns ins Stadtzentrum zu fahren, worauf er erstaunt schaute und eine entsprechende Handbewegung auf die Umgebung machte. Unvorstellbar!

Nach einer halben Stunde Fahrt, auf der er uns auf zwei Banken und ein schäbiges Hotel aufmerksam gemacht hatte, waren wir wieder beim Markt angekommen und froh, dass ein Shuttlebus bereitstand. Aber auch im Inneren des Busses waren wir vor den Scharen von Händlern nicht sicher, denn sie reichten uns die Sachen zum Fenster herein. Als wir die ausgemergelten Gestalten und die traurigen Gesichter der Kindfrauen, die ein Baby am Arm trugen, sahen, kauften wir etwas, das wir eigentlich nicht brauchten – zumindest dachten wir dies. Wir hatten eigentlich vor, zu einem späteren Zeitpunkt auf unserer Reise die Souvenirs für unsere Lieben zu Hause zu kaufen. Da es das Schicksal aber anders wollte, waren wir schließlich über die Ketten froh, die wir hier erstanden hatten.

Die »Allegra« legte noch einmal im Norden der Insel an, wir wurden in eine große Bucht gebracht, wo es eigentlich wenig zu sehen gab. Der Anblick des Meeres mit dem sogenannten Zuckerhut, einer Insel, die nicht betreten werden durfte, war zwar beeindruckend, denn diese Bucht auf Madagaskar gilt als die drittgrößte der Welt nach Rio und Sydney, aber auch der schönste Anblick wird langweilig, wenn man umringt ist von Verkäufern, die alle möglichen und unmöglichen Dinge anbringen wollen. Da aber das Programm zeitgemäß ablaufen sollte, mussten wir wohl oder übel ausharren, bis wir wieder losfuhren, um einen englischen Soldatenfriedhof zu besichtigen.

Für mich sind Soldatenfriedhöfe immer ein deprimierender Anblick, überall in der Welt wird man an den Wahnsinn des Krieges erinnert, in dem junge Menschen in sinnloser Weise ihr Leben lassen mussten. Aber die Tränen der Hinterbliebenen halten auch heute die Machthaber nicht davon ab, sich gegenseitig die Köpfe einzuschlagen. Selbst auf Madagaskar, fernab von Europa, hat der Zweite

Glück gehabt!

Weltkrieg seine Spuren hinterlassen. Britischen Soldaten, die irgendwo gefallen waren, hatte man hier ein Denkmal gesetzt.

Unser nächster Ausflugspunkt war der Markt von Diego-Suarez, wo sich nicht nur die Einheimischen ein Stelldichein gaben, sondern vor allem auch Millionen Fliegen. Die Fleischstücke, die hier in der Sonne lagen, waren schwarz vor Insekten, was aber die Käufer nicht davon abhielt, »Gustostückerln« zu erwerben, während uns beinahe schlecht wurde bei diesem Anblick. Andere Länder – unvorstellbar andere Sitten.

Aber auch Europäer schienen hier im Laufe der Jahre abgestumpft zu werden. Wir trafen einen Deutschen, der sich als Hotelbesitzer ausgab und der persönlich auf diesem Markt einkaufte. Wie das Hotel ausgesehen haben mag, kann man sich mit einiger Phantasie vorstellen.

Der Boden des Marktes war mit einer Art Morast bedeckt, Unrat und Müll lagen überall, am besten war es, den Blick ständig nach unten zu richten, um nicht irgendwo ungewollt hineinzutreten. Wie musste es da bei Regen ausschauen.

Wir sollten die Frage, unmittelbar nachdem wir unseren Bus bestiegen hatten, beantwortet bekommen. Plötzlich öffneten sich die Schleusen des Himmels und Sturzbäche ergossen sich über die Stadt. Es dauerte keine fünf Minuten und ein reißender Bach floss neben unserem Bus, sodass an ein Aussteigen nicht zu denken war. So schnell der

Regen gekommen war, so schnell war er wieder zu Ende. Vorsichtig verließen wir den Bus, denn es wurde uns vom Reiseführer mitgeteilt, dass wir eine Stunde Zeit hätten, um uns in einem Souvenirshop zu langweilen. Wir gingen hierhin und dorthin, in der Absicht, nichts zu kaufen. Aber eine Stunde ist lang und das Angebot war verlockend, sodass wir auch hier scheinbar Überflüssiges erstanden.
Unsere letzte Etappe auf Madagaskar konnten wir nicht mehr anfahren, da das Wetter umgeschlagen hatte. Es regnete nicht nur, auch das Meer hatte Schaumkronen, an ein Ausschiffen mit den Tenderbooten war nicht zu denken.
Von Madagaskar rief ich noch einmal unseren Sohn an und erklärte ihm: »Wir liegen vor Madagaskar und haben Regen an Bord!« Einige Stunden später hätte ich meine Aussage schon korrigieren und ihm mitteilen können, dass wir Feuer an Bord hatten.
Es war nach halb zwei Uhr nachmittags, als wir uns nach einem guten, aber bewusst nicht allzu üppigen Mittagessen, bei dem ein feiner Tropfen Wein nicht fehlen durfte, in unsere Kabine begaben, um müde vom Nichtstun ein Mittagsschläfchen zu halten. Ich suchte noch kurz das Bad auf, als plötzlich das Licht ausging. Zunächst glaubte ich, Stefan hätte es von außen abgedreht. Ich verließ das Bad, um nachzuschauen, als wir seltsame Laute vernahmen, die wie ein Signal klangen. Dann war es wieder ruhig, um plötzlich noch lauter zu werden. Ich probierte, ob das Licht wieder funktionierte, stellte aber fest, dass

Glück gehabt!

es nicht nur keinen Strom, sondern auch kein Wasser gab. Irgendetwas war nicht in Ordnung. Wir öffneten die Kabinentür und sahen unsere Stewardess mit umgeschnallter Rettungsweste an uns vorbeilaufen. Sie deutete uns aufgeregt, wir sollten ebenfalls unsere Rettungswesten überziehen. Überrascht, wie wir waren, konnten wir uns keinen Reim auf diese Vorkommnisse machen, dachten aber, es wäre eine unangesagte Übung wie am Tag unseres Einschiffens. Im nächsten Augenblick hörten wir sechs kurze Signaltöne, darauf folgte ein langer. Das bedeutete Alarm! Die Situation wurde ernst. Stefan erhob sich eilig vom Bett, und obwohl wir immer noch keine offizielle Durchsage hörten, öffneten wir unseren Tresor, der sich glücklicherweise auch ohne Strom aufmachen ließ, und suchten unsere Wertsachen zusammen. Dann zogen wir die Rettungswesten über den Kopf und verließen die Kabine. In den Gängen war es stockfinster, auch hier war das elektrische Licht längst erloschen. Gottlob hatten wir Taschenlampen bei uns, sodass uns und anderen Passagieren wenigstens ein kleiner Lichtschein den Weg zur Treppe wies. Wenig später sollte sich herausstellen, dass die Taschenlampen unser höchstes Gut waren. Nach dem Unglück auf der »Costa Concordia« hatte ich die Vorstellung, dass Dunkelheit auf einem havarierten Schiff zu den schrecklichsten Zuständen gehören musste. Es zählt wirklich zu den Glücksfällen im Leben, dass man manchmal intuitiv Dinge tut, die man sich nicht er-

klären kann. Noch nie hatten wir auf unseren Reisen Taschenlampen bei uns und noch nie hätten wir sie brauchen können.
So wie bei der Rettungsübung, strömten von allen Seiten in dem dunklen Stiegenhaus die Passagiere herbei. Es war ein Wunder, dass kein Mensch zu Boden gestoßen wurde, da man die Hand nicht vor Augen sehen konnte. An unserem »Rettungspoint« im Theater warteten schon Besatzungsmitglieder, von denen wir registriert wurden, wobei wir immer noch nicht wussten, was das alles zu bedeuten hatte. Uns wurde nur mitgeteilt, dass wir Platz nehmen und warten sollten. Da saßen wir nun, die Rettungswesten umgeschnallt, in dem stickigen und heißen Theater, denn die Klimaanlage funktioniert ohne Strom auch nicht. Vom Bordpersonal kamen nur spärliche Informationen, sodass schon nach einiger Zeit alle möglichen Gerüchte die Runde machten. Endlich ließen die offiziellen Stellen verlauten, dass im Maschinenraum des Schiffes ein Brand ausgebrochen war. Grund zur Panik gäbe es angeblich nicht. Man versuchte mit allen Mitteln, das Feuer unter Kontrolle zu bringen. – Ein Brand auf einem Schiff mitten im Ozean, Hunderte Meilen vom Land entfernt, eine größere Katastrophe war beinahe nicht vorstellbar!
Dass durch den Brand auch alle möglichen Kabeln verschmort waren, erfuhren wir leidvoll erst allmählich. Zunächst schwitzten wir ohne Klimaanlage bei dicht geschlossenen Bullaugen, aber

Glück gehabt!

schon bald bemerkten wir, dass sich das Schiff nicht mehr bewegte. Es war manövrierunfähig geworden und trieb wie ein herrenloser Kahn mitten im Indischen Ozean. Ohne Hilfe konnten wir kein Land erreichen. Viel später, als wir schon in Sicherheit waren, erfuhren wir, dass die »Costa Allegra« zu dieser Zeit achthundert Kilometer östlich vor Afrika lag. Vielleicht war es gut, dass wir über unsere tatsächliche Lage nicht Bescheid wussten, denn so mancher hätte bei dem Gedanken, mitten im Ozean hilflos dahindümpeln zu müssen, die Nerven verloren. Nur so war es zu erklären, dass in dieser Situation, zumindest an unserem Rettungspoint im Theater, keine Panik ausbrach. Wir saßen ganz ruhig da und warteten ... Im Prinzip hatten wir die Lage gar nicht realisiert, da wir weder Rauch rochen noch sahen. Die Gefährlichkeit der Situation war uns nicht klar. Trotz allem waren wir voll Hoffnung, dass man den Brand würde löschen können und die Reise ohne weitere Schwierigkeiten fortgesetzt würde. Unangenehm war nur das Sitzen in der Hitze, der Durst, der allmählich aufkam und das Warten. Mit dem Blick auf ein nahendes Ende der Situation war aber auch das erträglich.

Unsere Freunde, die einen anderen Rettungspoint ansteuern sollten, wurden ohne besondere Vorkehrungen zu den Rettungsbooten geschickt und standen dort geraume Zeit, in der man nicht wusste, was man mit ihnen anfangen sollte. Auch sie erhielten zunächst keine Informationen.

Wir lagen vor Madagaskar und hatten Feuer an Bord

Allmählich wurde es Abend, die Luft im Theater verdickte sich von Stunde zu Stunde immer mehr, sodass man das Gefühl hatte, kaum mehr atmen zu können. Die Informationen wurden noch spärlicher, dafür die Stimmen des Bordpersonals immer lauter. Es wurden ununterbrochen Namen von Passagieren aufgerufen, die sich nicht an den vorgeschriebenen Rettungspoints eingefunden hatten.

Das Warten wurde zur Ewigkeit. Nach etwa fünf Stunden kam dann die teilweise Erlösung, als uns mitgeteilt wurde, dass der Brand gelöscht war und wir uns auf Deck sieben begeben sollten, dem ersten Deck mit frischer Luft. Wie nicht anders zu erwarten, drängte sich eine Menschenmasse nach oben durch die stockdunklen Gänge und über die finsteren Stiegenhäuser. Die Lifte waren selbstverständlich auch nicht in Betrieb. Endlich erreichten wir das Freie und konnten wieder richtig durchatmen. Dass die Drängerei bedrohliche Formen angenommen hatte, war nicht verwunderlich. Jeder, der bis jetzt stundenlang unter Deck gewesen war, hatte das Bedürfnis nach frischer Luft und einer Sitzgelegenheit an Deck. Da aber mit der Besatzung tausend Menschen ins Freie strebten, war es gar nicht so leicht, eine Liege oder einen Sessel zu ergattern. Alle hofften, dass mit der Löschung des Brandes auch die Schwierigkeiten mit der Elektrizität beseitigt sein würden und wir in unsere gekühlten Kabinen zurückkehre konnten. So richtig wissen, wie es weitergehen sollte, tat aber keiner. Als

Glück gehabt!

wir die nur vereinzelt funzelnden Glühbirnen an Deck erspähten, sank unsere Hoffnung. Geregelte Zustände würde es in der nächsten Zeit wohl kaum geben.
Dicht gedrängt saßen wir unter Hunderten Passagieren, neben uns hatte eine französische Familie Platz gefunden. Zwei Kinder von acht und vier Jahren kümmerten sich um die kleine Schwester, ein Baby mit vierzehn Monaten. Die Eltern hatten die Ruhe weg und zeigten sich recht unbekümmert. Das Kleinkind krabbelte zwischen den umhergehenden Passagieren flott herum, sodass zu befürchten war, dass ihm irgendwer auf die kleinen Finger treten würde.
So saßen wir und warteten. Worauf eigentlich?, frage ich mich heute. Niemand klärte uns auf, wie es weiter gehen sollte. Das Schiff torkelte in den zum Glück kleinen Wellen, ohne auch nur einen Meter weiter zu kommen. Von der Mannschaft sahen wir niemanden, sodass wir nur auf Vermutungen angewiesen waren. Wie sollte es mit uns weitergehen?
Als es dunkler wurde, zerrten nicht nur die Franzosen Bettzeug aus den Kabinen herbei, um sich an Deck für die Nacht einzurichten. Auch andere erschienen mit Decken und Kopfkissen, um sich eine Lagerstatt herzurichten. Stefan und ich hatten nicht vor, an Deck zu nächtigen, da die Plastikpritschen für unsere lädierten Knochen einfach zu hart waren.

Wir lagen vor Madagaskar und hatten Feuer an Bord

Endlich tat sich etwas: Stewards erschienen mit Tabletts voller Sandwiches, daneben wurde uns auch Coca Cola oder Sprite gereicht, sodass wir endlich unseren Durst löschen konnten. Eine willkommene Abwechslung, denn immer noch gab es keine Informationen, wie es mit uns weitergehen sollte. Wahrscheinlich wusste man vonseiten der Schiffsführung auch nicht, was in den nächsten Stunden passieren würde.

Auf einmal aber kam Leben in die Lethargie, die alle erfasst hatte. Man hörte von der Ferne das Geräusch eines Flugzeuges und bald darauf sahen wir tatsächlich eine kleine Maschine. Begeistert strömten die Leute an die Reling, um durch Winken auf uns aufmerksam zu machen. Endlich hatte man uns entdeckt. Das Flugzeug umkreiste unser havariertes Schiff, das wie ein ruderloser Kahn im Indischen Ozean trieb. Es zog Kreise über uns, immer wieder flogen die Piloten im Tiefflug über die »Allegra«, bevor sie abdrehten. Später erfuhren wir, dass es sich um ein Flugzeug der indischen Küstenwache gehandelt hatte, das zunächst einmal die Position des Schiffes registrierte.

Allmählich wurde es finster und seltsam ruhig. Jeder richtete sich so gut es ging für die Nacht ein, bedrückt und besorgt. Nur die Italiener verloren nicht den Humor, denn plötzlich hörte man einzelne Töne von »O sole mio!«, die lauter und lauter wurden, bis schließlich nicht nur die Italiani ihre heimliche Nationalhymne sangen. »Humor ist,

Glück gehabt!

wenn man trotzdem lacht«, denn immer noch war kein Schiff in Sicht, das uns zu Hilfe kommen konnte. Es sollte noch lange weitere Stunden dauern, bis endlich ein kleiner französischer Trawler uns entdeckte. Und dies in einem Gebiet, das vor allem durch seine Piratenüberfälle bekannt war. In der Nachschau können wir von Glück sprechen, dass die Piraten die Situation wahrscheinlich falsch eingeschätzt hatten. Wir wären eine wehrlose, leichte Beute gewesen. Noch vor dem Brand waren alle Passagiere informiert worden, wie wir uns verhalten sollten, würden die Piraten versuchen, unser Schiff zu kapern. Die »Allegra« selber war mit Wasserwerfern ausgerüstet, die die Piraten ins Meer spülen sollten, wenn sie versuchten, das Schiff über Strickleitern zu entern. Aber ohne Strom funktionierte die Wasserversorgung natürlich nicht, sodass die Piraten ohne große Mühe sich des Schiffes hätten bemächtigen können. Zusätzlich hatte man vorsichtshalber die Bullaugen der unteren Außenkabinen mit Eisenblechen verschlagen, damit die Piraten sie nicht einschlagen konnten. Diese Maßnahme verursachte den Bewohnern dieser Kabinen zusätzlich großen Ärger. Immerhin hatten sie eine Außenkabine bezahlt und saßen jetzt tagelang im Stockfinsteren. Erst viel später wurde unser dümpelnder Kahn abgesichert, nachdem ein Kanonenboot einer Streitmacht aufgetaucht war und uns begleitete, um uns vor ungebetenen Gästen zu schützen.

Stefan und ich hatten beschlossen, in der Kabine zu übernachten, obwohl die Hitze allmählich unerträglich wurde. Dazu kam der Gestank aus der Toilette, da die Wasserspülung seit Stunden durch den Stromausfall nicht mehr funktionierte. Anfangs versuchten wir den Gestank mit Rosenspray zu bekämpfen. Der Rosenduft wirkte aber nur kurzfristig und auch das in meiner Verzweiflung versprühte Chanel Nr. 5 tat schließlich keine Wirkung mehr. Wie sich die sanitären Verhältnisse auf dem Schiff entwickelten, war von großem Medieninteresse, als wir schließlich an Land gehen konnten. Dass die Zustände mit jedem neuen Tag unbeschreiblicher wurden, muss man nicht eigens betonen. Vonseiten des Schiffes wurden ein paar Toiletten als offizielle »Örtchen« deklariert, wo sich die Passagiere erleichtern konnten. Und da diese nicht ausreichten, funktionierte man die Duschen an Deck zu Pissoirs um, die mit einem Vorhang verhängt wurden, damit sie für die anwesenden Damen auch benützbar wurden. Durch die nicht zu entleerenden Klos entwickelte sich in den Kabinen ein so beißender Geruch, dass mir sogar die Augen so brannten, dass ich sie kaum offen halten konnte. Dazu kam eine Raumtemperatur von ungefähr 35 Grad. Die Verhältnisse waren unerträglich und unbeschreiblich. Aber es blieb uns nichts anderes übrig, »wir mussten durch«. Dabei hatten wir durch die ruhige See noch Glück im Unglück. Es war nicht auszumalen, was gewesen wäre, hätte stärkerer Seegang geherrscht.

Glück gehabt!

Stefan hatte, da an ein ruhiges Schlafen nicht zu denken war, um zwei Uhr in der Nacht bemerkt, dass ein Schiff uns endlich erreicht hatte und so manövrierte, dass es unseren Kahn abschleppen konnte. Als wir durch unser Bullauge schauten, das so wie alle anderen Kabinenfenster nicht zu öffnen war, erkannten wir einen kleinen Trawler, der sich erbötig machte, uns abzuschleppen. Wie das gehen sollte, wussten sicherlich nur die beiden Kapitäne der Schiffe, denn der kleine Goliath schleppte den riesigen David. Experten, die sich in der christlichen Seefahrt auskannten, erklärten uns, dass es internationales Seerecht wäre, dass das Schiff, das ein anderes, das in Seenot geraten war, abschleppte, als Lohn dafür den halben Wert des havarierten Schiffes bekommen würde. Der französische Trawler hatte mit der »Costa Allegra« das Geschäft seines Lebens gemacht. Darum ließ er auch kein anderes Schiff mehr an den Rosinenkuchen heran, denn nach einigen Stunden erschienen auch andere, wesentlich größere Schiffe, die uns sicherlich schneller hätten an Land schleppen können. Geschäft war auch in dieser Situation Geschäft – wenn sich auch beinahe tausend Menschen in unerträglichen Verhältnissen befanden.

Endlich war die erste Nacht in der stickigen Kabine vorüber, der Tag graute. Durch unser Bullauge hatten wir den Vorteil, dass etwas Licht hereinkam. Eines der schrecklichsten Dinge an Bord war die absolute Dunkelheit in den Decks, in denen die Kabinen lagen – für uns gottlob nur während der Nacht. Aber die Innenkabinen waren auch am Tage stockfinster, sodass man uns bat, ab und zu unsere Tür offen zu lassen, damit die Bewohner der Innenkabinen, die keine Taschenlampen besaßen, etwas aus ihrer Kabine holen konnten. Eine Bitte, die wir bedenkenlos erfüllten, denn alle anderen Dinge außer unseren Taschenlampen waren plötzlich wertlos geworden. Niemand wäre auf die Idee gekommen, Geld oder Schmuck aus den offenen Kabinen zu stehlen. Wertvoll waren nur die Taschenlampen, denn diese gewährleisteten wenigstens einigermaßen ein sicheres Gehen auf dem Schiff. Da die »Allegra« fernab vom nächsten Land havariert war, war es für die Verantwortlichen auch nicht möglich, in aller Eile Hunderte von Taschenlampen herbeizuschaffen, die dann per Hubschrauber abgeworfen werden konnten. Denn wo gab es in Nairobi oder auf den Seychellen schon so einen großen Vorrat? Es dauerte zwei Tage, bis alle Passagiere oder wenigstens jedes Ehepaar eine Taschenlampe bekam. Am Ende der Reise hatte sich herausgestellt, dass doch einige Menschen in den stockfinsteren Stiegenhäusern zu Fall gekommen waren und sich erheblich verletzt hatten. Sie verließen mit einem Gips das Schiff. Daneben musste es natürlich noch andere gesundheitliche Probleme gegeben haben, wie Kreislaufkollapse, Schwindelanfälle, Herzbeschwerden, die alle mit der Hitze an Bord im Zusammenhang standen. Dies

Glück gehabt!

war kein Wunder, ließ man die Passagiere der »Costa Allegra« Revue passieren: Die meisten Reisenden zählten eher zum alten Eisen als zur goldenen Jugend, einige saßen sogar im Rollstuhl. Wie Letztere die unsagbaren Tage an Bord des havarierten Schiffes verbrachten, ist für mich auch im Nachhinein ein Rätsel.

Nachdem wir die erste Nacht mehr schlecht als recht hinter uns gebracht hatten, absolvierten wir mit zugehaltener Nase unsere Minitoilette. Ständig von Kopf bis Fuß in Schweiß gebadet, war es nur möglich, sich mit Feuchttüchern, die ich mitgenommen hatte, etwas zu erfrischen. Da es keinen Tropfen Wasser gab, war das bei den saunaähnlichen Temperaturen besonders unangenehm. Auch zum Zähneputzen fehlte anfangs das Wasser. Als man gegen Abend des dritten Tages begann, uns durch einen Hubschrauber zu versorgen, wurde auch Mineralwasser abgeworfen, das in kleinen Pappbechern an der Bar ausgeteilt wurde. Wir verwendeten diese Miniportionen nicht zum Löschen unseres Durstes, sondern füllten sie in kleine Flaschen ab, sodass wir wenigstens die Zähne putzen konnten. Der Mensch wird erfinderisch, wenn er Extremsituationen ausgesetzt ist.

Es war ein Glück, dass wir mit unseren Reisegefährten unterwegs waren, denn so konnten wir uns verschiedene Aufgaben teilen. Es war für den Tag unter der Äquatorsonne unendlich wichtig, schon in

Wir lagen vor Madagaskar und hatten Feuer an Bord

der Früh einen Schattenplatz zu finden, der auch am Nachmittag noch nicht der Sonne ausgesetzt war. Deshalb wechselten wir uns ab, möglichst bald in der Früh an Deck zu sein, um einen Platz zu belegen, wo wir uns den ganzen Tag aufhalten und den Tisch verteidigen konnten.
So unerträglich die Situation mit der ständigen Ungewissheit war, so gab es doch auch etwas Positives: Wir litten weder Hunger noch Durst. Nachdem wir am Abend der Katastrophe noch ausreichend mit Sandwiches vorsorgt worden waren, mussten wir uns am nächsten Morgen zum Frühstück anstellen. Stefan und ich waren etwas später dran – uns wurde nur noch ein Toast zugebilligt, denn gierige Leute vor uns hatten sich Berge von Broten aufgehäuft, aus Angst, später nichts mehr zu bekommen. Zu trinken gab es, was in der Bar noch vorrätig war: Cola, Fanta, Bier – alles lauwarm, da die Kühlung längst den Geist aufgegeben hatte. Und so sollte es auch in den nächsten Tagen bleiben: Wir hatten keine andere Aufgabe, als uns dreimal am Tag anzustellen, um die Toasts mit immer weniger Salami in Empfang zu nehmen. Einmal gab es dazu strohtrockenen Parmesan, der ebenfalls am Schiff vorrätig war. Erst der Hubschrauber brachte am Mittwoch neben dem Mineralwasser auch Milch und sogar eine Kaffeemaschine, sodass in bescheidenem Rahmen Kaffee in Pappbechern ausgeschenkt werden konnte. Alle anderen Vorräte an Bord – und sie müssen überreichlich gewesen sein – waren

durch den Stromausfall in den Kühlhäusern verdorben. Als schließlich sogar Orangen vom Himmel fielen, wussten wir, dass wir in Kürze gerettet werden würden.

In unserem Tagesablauf glich ein Tag dem anderen: Schattenplatz suchen, warten, anstellen zum Frühstück, Toastbrot mit Salami und einem Getränk, sitzen, schauen, ob sich nicht ein Schiff näherte, warten, Schweiß abwischen, plaudern, warten, lesen, warten, anstellen zum Mittagessen, Toast mit Salami, ein Getränk, langsam essen, damit die Zeit vergeht, warten, dahindösen wie im Mittagschlaf, plaudern, Ausschau nach einem Schiff halten, warten bis es Abend wurde. Abendessen, Toast mit Salami mit etwas trockenem Parmesan, ein Getränk, plaudern, warten ... Zwischen all dem »Zeittotschlagen« brodelte die Gerüchteküche. Unser Freund Rudi Ratzenberger, der wie Uli Kern oder Stefan ab und zu eine Runde übers Deck machte, brachte immer neue Nachrichten, die aber schon in kurzer Zeit wieder überholt waren. Von offizieller Seite wurden wir nicht informiert. Zwar gab es am Siebener Deck ab und zu eine Durchsage, die aber, da es keine funktionierenden Mikrofone gab, kaum verständlich war. Was hätte man auch sagen sollen? Wir konnten nur hoffen, langsam aber sicher mit fünf Knoten pro Stunde – das war so ziemlich das einzige, was man uns sagte – abgeschleppt zu werden. Durch die Schiffe, die allmählich in unserer Nähe aufkreuzten, bekamen wir ein Gefühl der

Sicherheit. Wir würden im Falle eines Falles doch gerettet werden, sollte ein Sturm aufkommen, in dem das Schiff unweigerlich versinken würde. Unmittelbar vor uns hatte ein Zyklon gewütet und das Meer aufgepeitscht, wer konnte wirklich wissen, was sich in der Wetterküche zwischen Madagaskar und den Seychellen noch zusammenbrauen würde.

Durch die anwesenden Schiffe fühlten wir uns nicht mehr von aller Welt verlassen. Ich hatte das Ausgesetztsein als besonders schlimm empfunden, das Gefühl, dass man auch mit modernsten Mitteln im 21. Jahrhundert unsere Situation nicht in den Griff bekam. Jetzt, wo wir einen Tanker und ein paar kleinere Schiffe in unserer Nähe wussten – natürlich auch durch die Anwesenheit des Kanonenbootes – fühlten wir uns plötzlich wieder unter den Lebenden, so seltsam dies auch klingen mag. Die Welt hatte uns nicht vergessen, wir konnten wieder Hoffnung schöpfen.

Die erste Möglichkeit der Rettung wurde uns am Dienstagnachmittag mitgeteilt, als die Nachricht verbreitet wurde, dass wir am Abend auf der Insel Desroches ausgeschifft werden würden. Wir sollten unsere Koffer packen, um sie dann in den Gängen zu deponieren. Um 18 Uhr würde das Gepäck abgeholt werden, wir selber sollten uns gegen 20 Uhr bereithalten. Mit einem Aufatmen der Erleichterung begaben wir uns in die glühend heiße Kabine, die von einem unvorstellbaren Gestank erfüllt war, so-

Glück gehabt!

dass das Kofferpacken einem einzigen Albtraum glich. Der Schweiß strömte uns aus allen Poren und tropfte, da wir bar aller Hüllen waren, auf den Boden, sodass sich ganze Lacken bildeten. Als wir fertig waren, waren wir einem Kreislaufkollaps nahe. So wie es uns gesagt wurde, stellten wir die Koffer vor die Tür und warteten wieder. Nichts geschah, die Zeit verstrich, es wurde 18 und 19 Uhr und die Koffer standen immer noch vor den Kabinen, wodurch die Situation in den Gängen in der Finsternis noch gefährlicher wurde. Stunden später erfuhren wir, als wir immer noch auf Deck warteten, dass man unserem manövrierunfähigen Schiff keine Landeerlaubnis auf der Insel gegeben hatte, da die Infrastruktur von Desroches angeblich nicht geeignet war, tausend Schiffbrüchige aufzunehmen. Eine Tatsache, die zu denken gibt, wenn man weiß, dass Desroches als eine Insel für Millionäre gilt, wo selbst ein kleiner Flugplatz vorhanden ist, auf dem Maschinen landen können, die dreißig Personen fassen. Es wäre wahrscheinlich nicht allzu kompliziert gewesen, uns sukzessive auf die Seychellen auszufliegen. Mit sicherem Boden unter den Füßen hätten wir schon noch einige Zeit auf Desroches ausharren können. So aber ließ man die »Costa Allegra« lieber weiter im Weltmeer dahindümpeln und mutete den Passagieren noch zwei weitere Tage des Ungemachs zu.
Nachdem diese Hoffnung zerstört worden war, erlebte ich persönlich einen wirklichen Tiefschlag.

Wir lagen vor Madagaskar und hatten Feuer an Bord

Ich hatte das Gefühl, diese kommenden zwei Tage nicht mehr überleben zu können. Noch zwei weitere Tage an Bord bei diesen unerträglichen Verhältnissen. Am liebsten wäre ich über die Reling ins Meer gesprungen, wo ich endlich die ersehnte Abkühlung gefunden hätte. Ich setzte mich aufs Bett und begann bitterlich zu weinen. Auch die zwei Tage würden wir überstehen, sie würden auf alle Fälle vergehen, tröstete mich Stefan liebevoll, dabei erinnerte er mich an meine Lebensphilosophie, die lautete, dass im Leben nichts so sicher ist, wie das unaufhaltsame Weiterfortschreiten der Zeit.
Die Stunden schlichen dahin und je mehr Tage verstrichen, umso schmuddeliger wurde alles auf dem Schiff. Angefangen von den unrasierten und ungewaschenen Menschen, auf den Treppen und in den Gängen, über Haufen von Plastik- und Papierabfälle. Keiner der Stewards räumte etwas weg oder beseitigte den Unrat. Für manche Passagiere schien es selbstverständlich, alles auf den Boden zu werfen oder die leeren Pappbecher auf den Tischen stehen zu lassen. Manche lagerten sogar auch untertags auf den Tischen, wo nebenan gegessen wurde. Erst als am Mittwoch das Gerücht verbreitet wurde, dass der Vizepräsident der »Costa«-Linien an Bord kommen sollte, der von Genua aus eingeflogen wurde, begannen plötzlich die Besatzungsmitglieder mit der Reinigung. Es war fünf Minuten vor zwölf, als etwas Positives geschah, denn nicht nur die Italiener wurden renitent, als sie eines Tages den Kapitän sa-

Glück gehabt!

hen. Auch andere, bis dahin friedliche Passagiere, begannen aggressiv zu werden. War die Stimmung der Menschen zu Beginn der Katastrophe noch gelassen, so hatte die Ausnahmesituation vielen nicht nur den letzten Nerv gekostet, sondern sie auch überfordert.

Vor allem vermissten wir konkrete Informationen vonseiten des Kapitäns, die sich nicht nach einiger Zeit als Gerücht herausstellten. Nach der Mitteilung, dass wir noch zwei Tage abgeschleppt werden würden, erfuhren wir keinerlei Nachrichten. So lebten wir in den Tag hinein, bei glühender Hitze von Kopf bis Fuß in Schweiß gebadet. Am besten ertrugen die Kinder die Situation. Für sie war alles halb so schlimm, sie spielten an Deck Fangen oder Verstecken und verloren die ganze Zeit über nicht ihre Fröhlichkeit.

Der erste Lichtblick war ein Schreiben der »Costa«-Verantwortlichen an jeden der Passagiere, das persönlich in der ehemaligen Bar auf Deck sechs abgeholt werden sollte. Ich erklärte mich dazu bereit, den Brief zu holen, um wenigstens etwas Bewegung zu machen. In der glühenden Hitze bewegte man sich nur, wenn man musste. Diesen Entschluss sollte ich bald bereuen, denn ich kam in die Hölle. Der niedrige Raum, in dem eine Temperatur von rund vierzig Grad herrschte, war mit ungefähr zweihundert Menschen gefüllt, die alle die Absicht hatten, möglichst schnell zu dem Schreiben zu kommen. Dadurch ergab sich in der

Wir lagen vor Madagaskar und hatten Feuer an Bord

Wahnsinnshitze ein Gedränge und ein Geschiebe, dass man das Gefühl hatte, entweder es trifft einen der Schlag oder aber man wird zu Tode getrampelt. Es dauerte lange, bis ich die beiden Briefe für Stefan und mich in meinen Händen hielt. Vor Schweiß, der mir in Strömen vom Gesicht lief, konnte ich fast nichts mehr sehen, als ich endlich wieder ins Freie kam.
Natürlich waren alle gespannt, was das Schreiben enthalten würde. Es wurde uns von der Reederei mitgeteilt, dass man den vollen Reisepreis in doppelter Höhe ersetzen wollte. Dazu bot man uns einen ein- oder zweiwöchigen Urlaub auf den Seychellen an, je nachdem, welches Hotel man wählen würde, oder aber eine neuerliche Kreuzfahrt mit einem »Costa«-Schiff. Im Gegensatz zu unseren Freunden Ratzenberger entschieden wir uns, so wie die Kerns, für eine weitere Kreuzfahrt, sehr zur Überraschung unserer Familie und unserer Freunde. Alle hatten geglaubt, wir würden endgültig genug vom Seefahren haben, aber Kreuzfahrten erzeugen anscheinend eine gewisse Sucht. Außerdem wollten wir, sobald wir endlich an Land gehen konnten, nichts wie nach Hause, ins kühle Großgmain.
Als der letzte Vormittag an Bord angebrochen war, wurde die Stimmung aufgeheizter. Es war ein Glück, dass wir am Nachmittag endlich das Schiff verlassen konnten, denn einzelne Reisende begannen durchzudrehen. Aggressionen machten sich bemerkbar und Raufhändel wären nicht ausgeschlossen

Glück gehabt!

gewesen. Wir wurden damit direkt konfrontiert. Wie jeden Tag hatten wir unseren Schattenplatz bezogen, den ich nur kurz verließ, da ich mir einen Becher Milch holen wollte. Als ich wieder zu unserem Tisch zurückkam, hörte ich schon von Weitem ein Streitgespräch mit einem Franzosen, der sich einfach auf meinen Platz gesetzt hatte, obwohl unsere Freunde ihm versicherten, dass ich gleich wiederkommen würde. Etwas, das den guten Mann überhaupt nicht interessierte. Dass daneben ein Inder einen ganzen Tisch blockierte, indem er auf ihm schlief, und dass der platzsuchende Franzose ihn nur hätte aufwecken müssen, auf diese Idee war der aggressive Mann nicht gekommen. Er blieb einfach laut schimpfend auf meinem Platz sitzen und begann zu essen, was wir natürlich auch nicht hinnehmen wollten. Die Stimmung war absolut gereizt. Erst durch die beschwichtigenden Worte seiner Frau ließ sich der Franzose beruhigen und räumte äußerst missmutig den Platz. Auch von der Ferne waren Streitereien zu vernehmen, genug war eben genug. Die Situation war zum Zerreißen gespannt, auch als wir schon die Nummern erhielten, nach denen wir ausgeschifft werden sollten. Alles strebte den Treppen des Schiffes zu, auch wir postierten uns so, dass wir möglichst schnell die »Costa Allegra« verlassen konnten. Um nicht in der Mittagshitze direkt in der prallen Sonne stehen zu müssen, drängten wir uns in den minimalen Schatten einer kleinen Bar zusammen, als plötzlich ein Deutscher mir einen Schubs

versetzte, dass ich zur Seite taumelte. Gleich darauf gab er Uli Kern einen Stoß, dass dieser beinahe umfiel. Als Stefan und Uli ihn zur Rede stellten, stieß er aggressive Worte aus, die man kaum wiederholen kann. Wir hätten ihm auf seinem Gang an die Bar, wo es ohnedies nichts mehr zu trinken gab, im Weg gestanden.
Aber endlich, endlich ging der Spuk allmählich dem Ende zu. Als unsere Nummer aufgerufen wurde, versuchte ich meinen Koffer und die Handtasche in eine Hand zu nehmen, um mich mit der zweiten Hand am Treppengeländer festhalten zu können, denn nach wie vor herrschte in den Stiegenhäusern absolute Finsternis. So kam ich an die erste Treppe und hatte immer noch keine Lösung meines Problems gefunden, als plötzlich ein älterer Herr auf mich zutrat und sagte: »Lassen Sie nur, junge Frau, ich trag Ihnen den Koffer hinunter!« Er nahm mir den schweren Koffer ab, schleppte ihn fünf Stockwerke hinunter, um dann alles wieder hinaufgehen zu müssen – bei mindestens 30–40 Grad in den Stiegenhäusern. Ich wusste nicht, wie mir geschah. So eine Hilfsbereitschaft erlebt man wahrscheinlich nicht oft im Leben. Vielleicht liest dieser hilfreiche Mensch diese Zeilen, die ihm sagen sollen, wie gerührt ich noch heute bin, dass es Mitmenschen gibt, die anderen in derlei Ausnahmesituationen helfen und dabei noch ungewöhnliche Unannehmlichkeiten auf sich nehmen. Ich sage auf alle Fälle Danke.

Glück gehabt!

Es war wie im Traum, als wir die Gangway hinuntersteigen konnten und endlich festen Boden unter den Füßen hatten. Von Weitem schon sahen wir einen Mann in einer rotweißroten Weste, einen Österreicher. Wir waren gerettet. Der österreichische Konsul Kratzer erwartete uns und begrüßte uns mit Handschlag. Er stellte sich jedem Einzelnen vor und als ich meinen Namen nannte, antwortete er: »Herzlich willkommen, ich soll Ihnen die besten Grüße von Ihrem Sohn Niki übermitteln!« Ich wusste nicht, wie mir geschah. Niemand, der diese Situation miterlebt hat, kann sich vorstellen, was diese Worte für mich bedeuteten. Unser Sohn, der sich die größten Sorgen um unser Wohl gemacht hatte, ließ uns im fernen Afrika, auf den Seychellen, nach all dem, was wir erlebt hatten, grüßen.

Ich hatte nur einen Wunsch: mein Handy aktivieren und daheim anrufen. Aber wie es der Teufel wollte, funktionierte es nicht, auch nachdem ich versucht hatte, im Hotel, in das wir gebracht wurden, den Akku aufzuladen. Die Feuchtigkeit am Schiff hatte das Handy irgendwie geschädigt. Erst als ich in der Nacht auf die Idee kam, das Handy aufzumachen und den Akku zu reiben, war eine Verbindung möglich.

Wie in Trance gingen wir, geführt von unserem österreichischen Vertreter, zu den Bussen, die für uns bereitgestellt waren. Wir mussten uns um nichts mehr kümmern, alles wurde uns von Herrn Kratzer abgenommen. Vor den Bussen warteten Scharen von

Reportern aus aller Welt auf uns, denen wir Rede und Antwort stehen sollten. Die Bilder von uns Schiffbrüchigen gingen um die ganze Welt, auch unsere Schilderungen der Zustände auf der »Costa Allegra«. Da sein Telefon ununterbrochen läutete, bat mich der Konsul, den anrufenden Reportern der verschiedenen internationalen Zeitungen Auskunft über unsere Reise zu geben.

Mit Bussen wurden wir vom Hafen in ein schönes Hotel gebracht, wo es aber nicht genügend freie Zimmer mit Duschen gab, wo wir uns frisch machen konnten. Stefan und ich und auch unsere Freunde Kern wurden zunächst gebeten, ein Essen einzunehmen. Und obzwar wir seit Tagen nichts Ordentliches gegessen hatten, war unser größter Wunsch, uns duschen und frisch machen zu können. Das köstliche Essen versöhnte uns mit der Verzögerung, aber als dann schließlich doch das kalte Wasser über unseren Körper rann, wurden wir allmählich wieder zu Menschen.

Die Costa hatte für uns Heimreisende eine eigene Charter-Maschine zur Verfügung gestellt, die wir um 23 Uhr bestiegen. Konsul Kratzer, der alles für uns geregelt hatte, begleitete uns bis zur Maschine. Seine Fürsorge war rührend. Noch nie im Leben hatten wir eine Situation erlebt, in der die Vertretung Österreichs im fernen Ausland so einen Lichtblick für uns bedeutete. Niemand, der zu Hause bequem in seinem Lehnstuhl sitzt, kann sich

Glück gehabt!

vorstellen, was es bedeutet, in einer kritischen Situation plötzlich Hilfe aus der Heimat zu bekommen. Genauso wie Konsul Kratzer bis zum Abheben der Maschine bei uns war und sich überzeugte, dass alles für uns zum Besten geregelt war, so übernahm uns in Wien der Auslandsbeauftragte des Außenministeriums Herr Mag. Launsky-Tieffenthal, als wir durch einen Sondereingang den Flughafen in Schwechat betraten. Er wickelte alles für uns ab und bat mich, den Pressevertretern Rede und Antwort zu stehen. Von den über neunzig Österreichern hatten ungefähr vierzig es vorgezogen, nach Hause zu fliegen. Die übrigen genossen auf den Seychellen einen geruhsamen Urlaub. Auch unsere Freunde Kern hatten sich, obwohl sie deutsche Staatsbürger sind, uns angeschlossen und sich unter die Fittiche unserer österreichischen Betreuer begeben, denn auch sie fühlten sich von ihnen bestens betreut.

Als wir schließlich im Auto nach Salzburg saßen, fiel alles, was uns bisher belastet hatte, von uns ab. Wir waren wieder im kühlen Österreich, wir waren endlich wieder Menschen unter Menschen.

Was alles hätte sein können, erklärte uns unser Sohn dann beim Mittagessen in Großgmain, wo wir an unserem Haustor ein Schild fanden: »Home – Sweet Home« – die Landkabine 422 ist doch die beste!

Mit unserer Hochzeitsreise fingen die Abenteuer an

Lieben Sie Abenteuer? Ich wirklich nicht. Trotzdem waren die meisten Reisen, die ich mit meinem Mann, mit unserem Sohn oder mit Freunden unternommen habe, von unvorhersehbaren Ereignissen geprägt. Ein Gutes hatten unsere Abenteuer aber immer: Es gibt viel zu erzählen, denn nur wer etwas erlebt, kann darüber auch berichten.
Im Grunde meines Herzens bin ich alles andere als ein Abenteuertyp. Ich liebe das geregelte Leben, das seine natürlichen Höhepunkte hat, sodass ich gar nicht auf die Idee komme, irgendwelche außergewöhnliche Situationen zu suchen. Das Schicksal wollte es aber in den über fünfzig Jahren unserer Ehe anders mit uns: Neben dem ruhigen Leben zu Hause gab es alle möglichen Abenteuer auf unseren Urlaubsreisen, obwohl wir weder mit dem Rucksack durch Indien noch zu Fuß über die Anden gepilgert sind. Jede unserer Reisen begann harmlos und unspektakulär, wir wollten Land und Leute verschiedener Länder kennenlernen und uns entspannen.

Glück gehabt!

Abenteuer waren keine inkludiert. Schon gar nicht auf unserer Hochzeitsreise im Jahr 1961. Wer sucht da schon Abenteuer?
Wir heirateten am 29. Juli im niederbayerischen Deggendorf im Kreise der Familie. In der damaligen Zeit waren große Hochzeitsfeiern nicht üblich. Und da Stefan gerade mit dem Studium fertig war und zwar schon eine Anstellung in einer Schule hatte, aber kein Geld, war mein Vater großzügig und schenkte uns Geld für eine Hochzeitsreise. Unser Ziel war Šipan im südlichen Dalmatien, eine romantische Trauminsel, auf der ich schon nach der Matura mit einer Studentengruppe aus Hagen in Westfalen einen wunderschönen Urlaub verbracht hatte. Mit genügend Geld in der Tasche, einer großen Portion Verliebtheit und der Vorfreude auf die Reise setzten wir uns in Graz im Morgengrauen in den Zug, um nach Sarajewo zu fahren, einem Reiseziel, das im damaligen Jugoslawien kaum von jemandem angesteuert wurde. In dieser Zeit war es nur natürlich, mit öffentlichen Verkehrsmitteln durch die Welt zu reisen. Der Gedanke an ein eigenes Auto war in unserer Situation beinahe absurd.
Zwar war die Route über Sarajewo etwas eigenwillig – im Allgemeinen fuhr man am besten mit dem Schiff von Rijeka nach Dubrovnik und von dort dann auf die Insel – , aber der Hauch von Orient des alten Europa, der in unserer Vorstellung von der Stadt Sarajewo ausging, lockte uns, die lange Reise zu unternehmen.

Mit unserer Hochzeitsreise fingen die Abenteuer an

Als wir am Grazer Bahnhof, wo wir die Fahrkarten bis Dubrovnik gekauft hatten, hörten, dass der Zug nach Sarajewo einen Speisewagen mitführen würde, beschlossen wir – mit klingenden Münzen in der Tasche – uns den Luxus zu leisten und keinen Proviant einzupacken. Wir wollten elegant im Speisewagen dinieren. Noch im Morgengrauen bestiegen wir den Zug, ohne allerdings einen Speisewagen zu sehen, in dem wir frühstücken wollten. Als wir den Schaffner befragten, erklärte er uns, dass der Speisewagen erst in Zidani Most, an der österreichisch-jugoslawischen Grenze, an den Zug angehängt werden würde. Wir waren guten Mutes, denn die paar Stunden konnten wir in der Vorfreude auf ein leckeres Frühstück gut überstehen. Der Zug stand lange in Zidani Most, die Waggons wurden von einem Gleis auf ein anderes geschoben und wieder zurück, und als sich der Zug schließlich in Bewegung setzte, schüttelte der jugoslawische Schaffner auf unsere Frage nach einem Speisewagen nur bedauernd den Kopf und radebrechte: »Kann sein in nächstgrößerer Stadt!«

Wir erreichten die damalige Hauptstadt Jugoslawiens um die Mittagszeit mit deutlich hörbar knurrendem Magen und aufgrund der Hitze vor allem mit einem Riesendurst. Endlich würden wir in Belgrad Labung finden, dachten wir uns. Aber auch hier wurden wir enttäuscht, auch hier hängte man den ersehnten Speisewagen nicht an. Weiter ging es in dem engen, heißen Abteil – es war immerhin

Glück gehabt!

Ende Juli –, wo außer uns beiden noch vier jugoslawische Offiziere saßen, die kein Wort Deutsch verstanden und auch nicht Englisch sprachen. Wir konnten uns nur durch einzelne Gesten verständigen. Obwohl sich die Soldaten wundern mussten, dass wir weder aßen noch etwas tranken, verzehrten sie genüsslich ihre mitgenommenen Brote und tranken dazu aus ihren Wasserflaschen. So fuhren wir weiter und weiter, bis wir schließlich in Banja Luka ankamen.

In den einzelnen Orten, in denen der Zug nur kurzen Aufenthalt gehabt hatte, hatte Stefan bemerkt, dass die Leute mit Flaschen in der Hand ausstiegen, zu einer Wasserstelle rannten und, bevor sich der Zug langsam in Bewegung setzte, wieder einstiegen. Obwohl wir keine Flasche besaßen, kam Stefan in Banja Luka, wo der Zug länger stand, auf die Idee, schnell auszusteigen, um in das Bahnhofsgebäude zu gehen und rasch etwas zu trinken zu kaufen. Gesagt, getan – von Hunger und Durst gequält sprang er aus dem Zug. Ich sah ihn, da der Bahnhof eine moderne Glasfassade hatte, die Treppen hinauflaufen, bis er vor der Theke stand. In diesem Moment setzte sich der Zug langsam in Bewegung. Mir blieb das Herz stehen. Ich sah noch, wie Stefan sich umdrehte und einen Satz in die Menschenmenge machte, die ihm im Weg stand. Dann verlor ich ihn aus den Augen. Ich war starr vor Schreck. Er hatte nicht nur unsere Pässe und die vorgeschriebenen Visa bei sich, auch das ganze Geld

Mit unserer Hochzeitsreise fingen die Abenteuer an

und die Fahrkarten – und ich saß allein mit dem gesamten Gepäck ohne einen einzigen Ausweis im Zug. Die Offiziere in unserem Abteil machten eine beruhigende Handbewegung. Sie hatten mein Entsetzen richtig gedeutet. Die folgenden Minuten wurden zur Ewigkeit. Plötzlich öffnete sich die Abteiltür und Stefan kam, zwar etwas nach Atem ringend aber leibhaftig, herein. Er war, so schnell er konnte, dem Zug nachgerannt, hatte gerade noch den letzten Waggon erreicht und konnte in letzter Minute aufspringen.

Von einem Moment zum anderen waren Hunger und Durst verflogen. Wir waren heilfroh, dass wir wieder nebeneinander im Zug saßen. Erst um 10 Uhr in der Nacht erreichten wir Sarajewo, das Ziel unserer aufregenden Reise. Als wir den Zug mit unserem umfangreichen Gepäck verließen, fanden wir einen Träger, der uns zugleich ein Hotel empfahl. Der arme Mann brach unter der Last unserer Koffer fast zusammen. Wir schleppten unzählige Koffer und Taschen mit, denn wir wollten auf unserer Trauminsel einerseits unseren Bekannten begehrte Nylon- und Perlonartikel mitbringen, andererseits durch den Verkauf einzelner Dinge unser Urlaubsbudget aufbessern. Daher schleppten wir Gegenstände mit, die wir schließlich, als wir sahen, wie arm die Leute waren und wie gern sie die Sachen gehabt hätten, alle verschenkten. Wir brachten es nicht übers Herz, Geld für die Dinge zu verlangen, die wir zwar gekauft hatten, die aber für

Glück gehabt!

die Inselbewohner kleine Schätze darstellten. Als Dank für unsere Geschenke lebten wir dann drei Wochen wie Könige auf Šipan. Von der einfachsten Fischerwitwe bis zum Pfarrer waren wir überall eingeladen und sobald uns ein Kind nur aus der Ferne erblickte, brachte es uns eine Karaffe Wein. Wir hätten uns im Wein baden können. Als sich nach drei Wochen unser Urlaub zu Ende neigte, lag auf unserer Terrasse ein Berg von Melonen. Zum Abschied winkte uns die gesamte Bevölkerung von Šipan im Morgengrauen nach, als der Dampfer Ston, der uns nach Dubrovnik brachte, die Anker lichtete.

Das Hotel in Sarajewo, das uns unser Träger empfohlen hatte, erwies sich als herabgekommen und mehr als dubios. Außerdem war kein Zimmer frei, sodass uns nichts anderes übrig blieb, als mitten in der Nacht in dem uns völlig unbekannten Sarajewo, der Landessprache nicht mächtig, mit unseren schweren Koffern mit einer Straßenbahn ins Zentrum zu fahren, wo wir glücklicherweise im besten Haus am Platz ein Zimmer bekamen. Das Hotel wirkte von außen überraschend modern, das Restaurant war elegant möbliert und die Tische dekorativ gedeckt. Das Zimmer aber war einfach schrecklich. Die Matratzen der Betten waren durchgelegen, das Waschbecken hatte einen tiefen Sprung, der Wasserhahn tropfte laut die ganze Nacht und die sanitären Anlagen, natürlich am Gang, waren kata-

Mit unserer Hochzeitsreise fingen die Abenteuer an

strophal. Es blieb uns nichts anderes übrig, als auch die nächsten zwei Nächte hier zu verbringen, da man uns in der Touristeninformation bedeutet hatte, dass dieses Hotel ohnehin puren Luxus böte.

Die Schönheiten der Stadt versöhnten uns allerdings mit unserem Quartier. Wir fanden, was wir gesucht hatten: Wir saugten das orientalische Leben um uns herum geradezu auf, zählten die hoch aufragenden Minarette und lauschten den Rufen der Muezzin – damals für uns Mitteleuropäer etwas völlig Ungewohntes – rochen den geheimnisvollen Duft des Basars und ließen uns die köstlichen bosnischen Speisen schmecken. Am Abend genossen wir die schöne Atmosphäre in unserem Restaurant, bevor wir uns notgedrungen in unsere wenig romantische Kemenate zurückzogen.

Am Abend des dritten Tages sollte unsere Reise weiter über Mostar nach Dubrovnik gehen. Und obwohl wir die Fahrkarten schon in Graz gekauft hatten, stellte sich heraus, dass dies leichter geplant war als getan. Als wir unsere Tickets vorwiesen, bedeutete uns der Schaffner, dass wir in den Zug, der nur »Holzklasse-Waggons« führte, nicht einsteigen dürften, da wir keine Platzkarten hatten. In Graz hatte man uns selbstverständlich nicht gesagt, dass man für diese Schmalspurbahn so etwas benötigte. Da standen wir nun – ratlos, umgeben von unseren Koffern – und wussten nicht, was wir tun sollten. Ein Bosnier, der die Situation beobachtet hatte, kam schließlich auf uns zu, zeigte auf den Zug,

Glück gehabt!

den Schaffner und machte eine »Bakschisch-Handbewegung«. Auch ohne Worte verstanden wir und wie durch Zauberhand öffneten sich nach unserer Geldbörse auch die Türen des Zuges.

Von Anfang an wussten wir, dass es keine besonders komfortable Fahrt werden würde, denn in die Abteile wurde hineingepfercht, was möglich war. Stefan und mir war ein Fensterplatz zugewiesen worden – anscheinend war unser Bakschisch entsprechend großzügig gewesen – neben mir saß ein riesiger Montenegriner, dessen Schultern so breit waren, dass ich mich kaum bewegen konnte. Dazu kamen die harten Holzplanken, an die wir nicht gewohnt waren. Aber der Raki, der in einer bauchigen Korbflasche reihum ging, tat ein Übriges und hob die Stimmung. Obwohl mir beinahe ein Schauer über den Rücken rann, wenn ich auf die bärtigen Mitreisenden schaute, die schon aus der Gemeinschaftsflasche getrunken hatten, so wäre es eine Beleidigung gewesen, hätten wir den guten Schluck abgelehnt. Diese einfachen Menschen waren uns Wildfremden mit einer großen Herzlichkeit entgegengekommen, die man auch spürte, wenn man kein Wort verstand.

Als es dunkel geworden war, verebbten allmählich die Gespräche, sie wurden durch lautes Schnarchen abgelöst. In der ungewohnten Enge schlummerten auch wir ein, die Stunden schlichen dahin. Plötzlich bremste der Zug jäh und stand still. So wie die Übrigen waren auch wir aufgeschreckt und schauten

Mit unserer Hochzeitsreise fingen die Abenteuer an

aus dem Fenster. Im schwachen Dämmerlicht des heraufziehenden Tages erkannten wir auf der einen Seite eine Felswand und auf der anderen blickten wir in einen Abgrund. Ein Schaffner kam und deutete auf Stefan und mich. Wir sollten aussteigen. Auch unsere Mitreisenden begannen aufgeregt auf uns einzureden, stellten unsere Koffer auf den Gang hinaus, sodass uns schließlich nichts anderes übrig blieb, als uns von unseren Plätzen zu erheben und das Abteil zu verlassen. Wir standen vor einem Rätsel, da wir uns nicht erklären konnten, was hier vorging, warum wir mitten in den Schluchten des Balkans den Zug verlassen sollten. Völlig konsterniert stiegen wir aus. Als wir mitten auf dem Gleis standen, begannen auch die anderen Fahrgäste den Zug zu verlassen. Man deutete uns, dass wir vom Zug weg auf den Gleisen weitergehen sollten. So stolperten wir – ich mit meinen schicken Goldriemensandalen, einem Koffer und einer prall gefüllten Reisetasche und Stefan mit den zentnerschweren Koffern, unter deren Last er immer kleiner wurde – in der aufkommenden Dämmerung dahin, von Bahnschwelle zu Bahnschwelle. Ich weiß nicht mehr wie weit wir gegangen waren, als wir plötzlich in der Ferne Männer mit Fackeln erblickten, die dastanden, um uns von den Bahnschwellen weg zu dirigieren. Jetzt erblickten wir auch den Grund für dieses seltsame Manöver: Ein Zug, der von Süden gekommen war, war verunglückt, die Lok war entgleist und die Waggons hingen abenteuerlich über dem Abgrund. Auf der eingleisigen Strecke konnte unser Zug nicht am verunglückten vorbei.

Nachdem wir den umgestürzten Zug passiert hatten, war immer noch kein Ende unseres frühmorgendlichen Spazierganges in Sicht. Wir schleppten uns weiter, während meine Zehen in den goldenen Schuhen zu bluten begannen und ich fürchten musste, dass Stefan für sein und unser zukünftiges Leben so klein bleiben würde, wie ihn die Last der Koffer zusammengepresst hatte. Unser Marsch endete auf einer winzigen Plattform am Rande einer Schlucht, wo sich die Menschen ohne jede Disziplin zusammenpferchten. Als endlich ein Zug in Sicht war, begann eine gefährliche Drängerei. Ohne jede Rücksicht wurde man geschubst und gestoßen, man hörte Schreie, Flüche und Geschimpfe. Ich klammerte mich an ein Eisenteil eines Waggons, um nicht in die Tiefe gestürzt zu werden, wobei ich versuchte, einen Fuß auf eine Stufe zu setzen, um in den Zug zu gelangen. Es dauerte eine kleine Ewigkeit, bis wir mit Sack und Pack endlich in dem Ersatzzug saßen, in Schweiß gebadet zwar, aber heilfroh, dass diese abenteuerliche Wanderung in den Schluchten des Balkan doch noch gut ausgegangen war.

Jugoslawien hielt auch weiterhin Abenteuer für uns bereit

Auch im nächsten Jahr beschlossen wir, auf die Insel Šipan zu fahren, diesmal mit Münchner Freunden, die ebenso reiselustig waren wie wir und auch knapp bei Kasse. Mit dem für damalige Verhältnisse luxuriösen Schiff Jadran ging es von Rijeka nach Dubrovnik, von wo wir nach Šipan übersetzen wollten. Wir hatten uns auf diese wunderschöne Stadt gefreut, denn schon auf unserer Hochzeitsreise hatten wir hier sehr liebe Menschen, ein Architektenehepaar, kennengelernt, in dessen bescheidenem, aber gemütlichem Haus wir übernachteten. Mit Slobodan und Lidia verbrachten wir einen lustigen Abend, bummelten durch die Altstadt, die zu dieser Zeit noch in einem Dornröschenschlaf schlummerte. Es war traumhaft schön, die breiten Straßen menschenleer und die Bevölkerung überaus freundlich. 1962 gab es hier noch kaum Tourismus. Der Abend klang in einem urtümlichen Lokal bei etlichen Gläsern Dingač aus. Nachdem wir erholsame Badetage auf Šipan ver-

Glück gehabt!

bracht hatten, packten wir unsere Koffer, da wir die Absicht hatten, mit dem Linienbus nach Kotor und Budva zu fahren und von dort weiter ins willde, weitaus unbekannte Montenegro. Da unseren Münchner Freunden das bevorstehende montenegrinische Abenteuer zu riskant schien, fuhren sie von Kotor zurück und Stefan und ich setzten die Reise, nur mit einer Reisetasche bewaffnet, fort. Unser großes Gepäck hatten wir in Dubrovnik zurückgelassen.

Hätten wir gewusst, was uns bevorstand, wären wir weniger euphorisch gewesen, die Reise in die raue Gebirgswelt Montenegros anzutreten. Allein die Fahrt von Budva in einem klapprigen Bus über die Passstraßen nach Cetinje gab uns einen Vorgeschmack auf eine überaus abenteuerliche Tour. Der Bus besaß keine Scheinwerfer, sodass der Fahrer die schmale, kurvenreiche Straße im trügerischen Licht des Mondes nur erahnen konnte. Statt auf die Straße zu schauen, drehte er sich ständig zu den Passagieren um, die mit Kind und Kegel, Hühnern und Ziegen im Bus saßen, ließ das Lenkrad los, um wild mit den Händen gestikulieren zu können und führte lebhafteste Gespräche mit den Menschen, die er zu kennen schien, während die Räder des Busses nach jeder Kurve erneut am Rand des Abgrundes quietschten. Uns stand der Angstschweiß auf der Stirne, wir wagten nicht mehr aus dem Fenster zu schauen.

Als wir in stockdunkler Nacht in Cetinje aus dem

Jugoslawien hielt auch weiterhin Abenteuer für uns bereit

Bus stiegen, fiel uns ein Stein vom Herzen. Da standen wir nun und hatten keine Ahnung, wo wir unser müdes Haupt in dieser Nacht hinlegen sollten. Wir tappten, wie die anderen Businsassen auch, durch die spärlich beleuchteten Straßen und machten schließlich zu unserem großen Glück ein Hotel ausfindig. Als aber die Portiersfrau zwei junge Leute in Jeans und Shirts, nach der langen strapaziösen Fahrt keineswegs stadtfein, mit unserer Reisetasche vor sich stehen sah, war sie über die neuen Gäste nicht begeistert. Äußerst skeptisch und zögerlich griff sie nach einem Zimmerschlüssel, den sie uns in die Hand drückte. Dabei erklärte sie, dass wir noch etwas essen könnten, für uns eine Frohbotschaft, denn unser Magen hatte schon im Bus laut geknurrt. Nach einer kurzen Dusche zogen wir unsere »Ausgehkleidung« an, die ich für »schön« in die Reisetasche eingepackt hatte: für mich ein hellblaues Perlonkleid mit breitem Gürtel und schwingend weitem Rock, unter dem ich einen Petticoat trug und für Stefan ein weißes Nylonhemd und die entsprechende Hose. Eine Krawatte ergänzte sein perfektes Aussehen. So gestylt – ich mit offenem hellblondem langem Haar, wir beide braun gebrannt – stiegen wir die Treppen hinab. Ich werde den Blick der Frau in der Portiersloge nie vergessen. Als sie uns sah, blieb ihr buchstäblich der Mund offen stehen. Aus den schmutzigen »Beinahe-Landstreichern« waren zwei junge Leute wie aus einem Hollywoodfilm geworden.

Glück gehabt!

Wir setzten am nächsten Tag unsere Reise nach Titograd fort, von wo wir zwölf Stunden mit dem Bus in die Berge Montenegros hineinfuhren. Auf dieser endlosen Fahrt passierten wir nur einen einzigen Ort, Šavnik, der später als Geburtsort von Radovan Karažić traurige Berühmtheit erlangte. Gerädert kamen wir in Žabljak an, einem kleinen Ort am Fuße des Durmitor, wo das Leben in ganz anderen Bahnen verlief, als wir Mitteleuropäer es gewohnt waren. Der Ort bestand aus grauen Holzhäusern, in denen hochgewachsene Menschen lebten, durchwegs gutaussehende Männer und Frauen. Autos sah man hier nirgends. Dafür aber umso mehr Pferde, auf deren Rücken die stolzen Montenegriner ritten, nicht selten mit einer Pistole in der Hüfttasche.

Natürlich gab es in diesem Bergdorf keinen Gasthof, wo wir hätten übernachten können, aber unser Quartiergeber auf Šipan hatte uns von einem geradezu luxuriösen Hotel in fünf Kilometern Entfernung berichtet, das wir aufsuchen sollten. Obwohl wir müde waren, blieb uns nichts anderes übrig, als uns auf den Weg durch den Wald dorthin zu machen. Immer wieder sah ich mich ängstlich um, denn es war nicht ausgeschlossen, dass es hier noch Bären gab. Nach geraumer Zeit erblickten wir in der Ferne ein großes Gebäude, das im alpenländischen Stil erbaut worden war. Es konnte sich nur um das angekündigte Hotel handeln. Staunend standen wir da und überlegten, wer wohl in dieser

Jugoslawien hielt auch weiterhin Abenteuer für uns bereit

unvorstellbaren Einöde logieren würde. Umso größer war unsere Überraschung, als uns der Französisch sprechende Portier relativ unfreundlich erklärte, dass das Hotel ausgebucht wäre. Keine Chance auf ein Zimmer. Er könne uns nur raten in Žabljak in die Dependance zu gehen. Wir standen vor einem Rätsel. Wer sollte hier Urlaub machen? An einem Ort, zu dem wir ganze zwölf Stunden mit dem Bus gefahren waren. Wir gingen wieder fünf Kilometer durch den Wald zurück in den Ort, wo wir in einer schaurigen Bude ein primitives Zimmer bekamen. Es gab weder fließendes Wasser noch Vorhänge, obwohl die Fenster auf den Marktplatz hinausgingen, auf dem sich Scharen von Menschen tummelten. Die sanitären Anlagen benützte ich nicht, ich bevorzugte den Wald hinter dem Haus.

Am nächsten Tag machten wir uns auf, um an den Schwarzen See, den »Črno jezero«, zu gehen. Außerdem hatten wir die Absicht, in dem Alpenhotel zu essen. Dies war leichter gesagt als getan, denn man musterte uns, nachdem wir das Restaurant betreten hatten, mit scheelen Blicken von Kopf bis Fuß. Der livrierte Kellner, der herbeigeeilt war, als er sah, dass wir an einen der schön gedeckten Tische Platz nehmen wollten, entschloss sich nach einigem Zögern doch, uns zu bedienen. Spätestens an diesem Punkt kamen wir aus dem Staunen nicht heraus: Rund um uns wurde Deutsch gesprochen mit sächsischem und thüringischem Akzent. Familien mit mehreren Kindern saßen an den Tischen und ließen es sich gut gehen, obwohl die Preise auf den Speisekarten extrem hoch waren, sodass wir uns außer einer Art Reisfleisch nichts leisten konnten. Was war da los? Wer waren diese Leute, die sich hier am Ende der Welt einen so teuren Urlaub leisten konnten?

Zunächst erstarb jedes Gespräch um uns, als die Leute merkten, dass wir auch Deutsch sprachen. Dann aber ließ sich doch ein Sachse dazu herab, mit uns ein paar Worte zu wechseln. Dabei fanden wir heraus, dass es in unmittelbarer Nähe des Hotels einen kleinen Flugplatz gab, auf den man die »Verdienten des Kommunismus« oder Leute, die den »Orden der Aktivisten der sozialistischen Arbeit« erhalten hatten, einflog. Die »Oberen Zehntausend« aus den kommunistischen Ländern konnten hier einen Traumurlaub verbringen.

So abenteuerlich die Fahrt hinauf nach Žabljak begonnen hatte, so ereignisreich gestaltete sich unsere weitere Reise. Nach unserer Rückkehr nach Dubrovnik verbrachten wir einen lustigen, feuchtfröhlichen Abend bei unseren Freunden, wo wir übernachteten. Damals war es Vorschrift, dass die Vermieter von Zimmern die Ausweise der Logiergäste bei einem Amt vorlegen mussten. Wir gaben Slobodan unsere Pässe, tranken reichlich herrlichen Dingač-Wein und wussten, dass wir am nächsten Morgen das Schiff nicht verschlafen durften, das uns nach Split bringen sollte. Von dort wollten wir mit dem Zug weiterfahren.

Jugoslawien hielt auch weiterhin Abenteuer für uns bereit

Nach einer langen Fahrt kamen wir schließlich in Maribor an, froh, endlich wieder nach Österreich zu kommen. Wir waren beinahe vier Wochen unterwegs gewesen. Gutgelaunt stiegen wir in den Zug nach Graz, unmittelbar hinter uns die Männer der Pass- und Zollkontrolle. Kurz nachdem wir Platz genommen hatten, öffnete sich die Abteiltür und der jugoslawische Beamte rief: »Die Pässe bitte!« Stefan wollte unsere Pässe herausziehen, aber dort, wo er sie immer aufbewahrte, waren sie nicht. »Hast du die Pässe?«, fragte er mich. „Natürlich nicht, die hast doch du!", lautete meine Antwort. »Ich hab' sie nicht! Hast du sie nicht doch eingesteckt?«
Ich durchkramte leicht nervös meine Siebensachen, aber ich fand weder meinen noch seinen Pass. Allmählich begannen die Polizisten ungeduldig zu werden, denn der Zug sollte bald abfahren. Die Beamten baten uns auszusteigen, denn der Stationsvorstand hatte schon das Signal zur Abfahrt gegeben. Draußen könnten wir weitersuchen. Aber auch am Bahnsteig, wo wir all unsere Habe ausbreiteten, fanden sich keine Pässe. Dazu kam, dass auch unsere Visa verschwunden waren. Wir hatten keine Ahnung, wo die Dokumente sein konnten. Die Mienen der ursprünglich freundlichen Kontrolleure verfinsterten sich immer mehr. Mit einem Schlag waren wir von harmlosen jungen Leuten zu verdächtigen Personen geworden. Da wir uns nicht ausweisen konnten, wurden wir zur Polizeistation geführt. Dort wurde ein Protokoll auf-

Glück gehabt!

genommen und man befragte uns ausführlich: Was wir in Jugoslawien gemacht hätten, wo wir gewesen waren und warum. Warum wir ausgerechnet in Žabljak waren und so weiter. Während die Situation immer prekärer wurde, überlegten Stefan und ich fieberhaft, wo wir die Pässe gelassen haben konnten. Unsere erste Vermutung, dass sie noch immer bei unseren Freunden in Dubrovnik sein könnten, wurde immer wahrscheinlicher. Es wäre aber auch möglich gewesen, dass wir sie auf dem Schiff verloren hatten oder dass sie uns gestohlen worden waren. Wir schickten auf alle Fälle ein Telegramm nach Dubrovnik, in dem wir Slobodan mitteilten, dass er die Pässe an die Bahnpolizei nach Maribor schicken sollte.

Später erfuhren wir, dass Slobodan unsere Pässe unmittelbar nach der Abfahrt des Schiffes entdeckte. Er wusste aber nicht, wo wir die Grenze überqueren wollten und musste daher so lange warten, bis wir uns selber meldeten, worauf er die Pässe zwar auf dem schnellsten Weg, aber für uns immer noch viel zu langsam, nach Maribor schickte.

Bis wir Gewissheit hatten, vergingen bange Stunden. Nachdem wir die Polizeiprotokolle ausgefüllt hatten, bedeutete man uns, dass wir uns zunächst frei in Maribor bewegen durften. Allerdings hatten wir uns alle drei Stunden auf der Polizeistation einzufinden, so lange, bis die Pässe aufgetaucht waren. Gott sei Dank hatten wir noch genug Geld, um uns in einem Hotel einquartieren zu können.

Jugoslawien hielt auch weiterhin Abenteuer für uns bereit

Normalerweise fuhren wir auf unseren Reisen immer mit dem letzten Groschen über die Grenze. Unser Quartiergeber auf Šipan hatte uns aber 900 DM mitgegeben, die wir für ihn in Österreich anlegen sollten. So konnten wir uns wenigstens ein ordentliches Zimmer leisten.
Die Stunden schlichen dahin und noch immer hatten wir keine Nachricht von Slobodan. Wir wussten kaum, wie wir die Zeit totschlagen sollten. Zunächst gingen wir ins Kino, dann saßen wir auf verschiedenen Parkbänken und schließlich wärmten wir uns in einem Kaffeehaus auf, das noch aus der k. u. k. Monarchie stammte. Hundertmal besprachen wir unsere Lage und marschierten wieder zur Polizei, wo immer noch keine Nachricht von Slobodan eingetroffen war. Allmählich wurde die Situation prekär. Dass ich mit meinem deutschen Pass reiste und Stefan mit seinem österreichischen, war besonders fatal, da die Deutschen zu dieser Zeit auf Grund von politischen Spannungen keine direkte Vertretung in Jugoslawien hatten, sodass die Schweizer oder Schweden – ich weiß das nicht mehr genau – die Anliegen der damaligen Bundesrepublik vertraten. Ich hätte mich also an ein Konsulat dieser Länder wenden müssen, um zu neuen Ausweisdokumenten zu kommen, im Fall, dass mein Pass verloren war.
Die Stunden in Maribor wurden zu einer Ewigkeit. Auch am nächsten Tag war von den Pässen noch keine Spur zu sehen. Von Minute zu Minute spür-

Glück gehabt!

ten wir, wie das Misstrauen der Polizisten wuchs. Selbst in der Nacht mussten wir uns melden. Endlich trafen um Mitternacht des dritten Tages unsere Pässe aus Dubrovnik ein.

Ich muss das Gefühl nicht beschreiben, das wir hatten, als wir die Pässe wieder in Händen hielten. Von einem Moment auf den anderen waren wir freie, unverdächtige Menschen. Die Polizisten, die uns vorher noch ziemlich rüde behandelt hatten, klopften uns freundschaftlich auf die Schultern und verabschiedeten sich beinahe herzlich.

Rom bei Nacht

Sonne, Sand und Meer, dunkle geheimnisvolle Palazzi, Pasta und Pizza, funkelnder Wein und La Bella Musica. So stellten wir uns das Traumland Italien in den frühen 60er Jahren vor. Schlager wie »Rote Rosen, Rote Lippen, Roter Wein« oder »Florentinische Nächte« verstärkten in uns noch die Sehnsucht nach dem Land, wo nicht nur die Zitronen blüh'n.
Eine Reise nach Italien war schick und fein, nur leider auch teuer. Italien war schon damals kein billiges Urlaubsland. Schließlich war uns das Schicksal hold: Meine Eltern kamen zu Weihnachten auf die Jahrhundertidee und schenkten uns ein wunderschönes Hauszelt mit jeglichem Komfort, den man sich nur denken konnte. So gab es im Schlafzelt Campingbetten statt Luftmatratzen und im Vorzelt sogar einen Teppich. Wir reisten mit unserem VW-Käfer und dem flexiblen Dach wahrhaft elegant. Da wir in unserem Zelt auch eine Kochgelegenheit hatten, waren wir sicher, dass wir mit einem geringen

Glück gehabt!

Budget ein paar wunderschöne, romantische Wochen in Italien verbringen könnten.
Unsere Reise sollte über die Schweiz an den Lago Maggiore gehen, dann weiter nach Florenz, Rom und Neapel, wo wir am idyllischen Golf vis á vis von Capri etwas länger bleiben wollten. Das Auto vollbepackt, brachen wir von Deggendorf aus auf, um unser erstes Etappenziel Pfäffikon zu erreichen. Die Fahrt über die Landstraßen war anstrengend und ermüdend und als wir schließlich die Schweizer Grenze passierten, war der Gedanke an ein Hotelzimmer sehr viel verlockender als der an unser Zelt. In Pfäffikon angekommen war die Entscheidung schnell gefallen, denn wir hatten keine Ahnung, wie man ein Zelt aufstellt. Daher suchten wir uns ein preiswertes Quartier, wo wir zwar keine ruhige Nacht verbringen konnten – das Zimmer war nur durch eine Holzwand von einem großen Versammlungsraum abgetrennt, in dem, wie in Gottfried Kellers »Fähnlein der sieben Aufrechten« gerade eine Schwyzer Frauenvereinigung ihren Jahrestag abhielt, der sich bis nach Mitternacht hinzog – aber wenigstens eine angenehme. Durch Astlöcher in der Holzwand konnten wir am Schweizer Vereinsleben teilnehmen, etwas, das man sicher nicht jeden Tag erleben kann.

Am nächsten Morgen fuhren wir weiter durch die herrliche Landschaft und erreichten am frühen Abend endlich den in Dunst gehüllten Lago Mag-

Rom bei Nacht

giore. Hier steuerten wir wirklich den Campingplatz an, mit leicht mulmigem Gefühl. Jetzt blieb uns keine Wahl mehr, als zu versuchen, das Zelt aufzubauen. Nachdem wir einen schönen, romantischen Platz gefunden hatten, begannen wir ohne große Eile unser Auto auszuräumen und die Campingsachen aufzulegen. Wie zufällig schlenderten einige Männer herbei, denen offensichtlich langweilig war. Sie beäugten unsere luxuriöse Ausrüstung, äußerten sich sehr positiv über alles und begannen, ganz langsam, aber sicher unser Zelt aufzustellen. Stefan und ich standen als Zuschauer dabei und mussten keinen Finger rühren. Im Nu war alles perfekt, sodass wir zum Erstaunen aller nur noch unseren Teppich ausbreiteten. Wir bedankten uns bei den freundlichen Experten mit einem Glas Bier und einem Schluck Wein.

Genauso erging es uns bei den nächsten Aufenthalten auf den Campingplätzen: Da wir wussten, dass sich schon bald Helfer einstellen würden, warteten wir mit unserem Tun einige Zeit und jedes Mal ging unsere Rechnung auf. Ich glaube, wir können heute noch kein Zelt aufstellen.

Über Florenz gelangten wir schließlich nach Rom, wo wir aber keinen Campingplatz fanden, sodass wir nach Ostia auswichen. Neben uns hauste eine amerikanische Familie in einem Rundzelt mit sieben Kindern, wovon das jüngste drei Monate alt war. Für uns unvorstellbar.

Glück gehabt!

Draußen in Ostia war die Augusthitze halbwegs erträglich. Wir waren froh, nach einem ausführlichen Besichtigungsprogramm in der Ewigen Stadt frische Luft am Meer atmen zu können. Nach einigen Tagen wollten Stefan und ich Rom auch bei Nacht erleben. Beide hatten wir den Film »La Dolce Vit« von Federico Fellini gesehen und träumten von einem nächtlichen Spaziergang auf der Via Veneto und einem Ausruhen auf der Spanischen Treppe, das erfrischende Bad in der Fontana di Trevi würde ich mir allerdings versagen, denn diese Art der Abkühlung hätte teuer werden können. In Rom erhält man schnell eine Anzeige wegen Erregung öffentlichen Ärgernisses, sollte man im Trevibrunnen planschen.

Wir fuhren am späten Nachmittag in die glühend heiße Stadt und begannen, in der Nähe der Trajanischen Foren einen Parkplatz zu suchen. Dies war leichter gesagt als getan, denn auch schon im Sommer 1965 war Rom das Ziel von Scharen von Touristen aus aller Welt, die mit dem Auto anreisten. Schließlich fanden wir ein Plätzchen für unseren Käfer, etwas versteckt hinter einem Busch. Als wir ausstiegen, sah ich, wie zwei Männer an den Autos entlang gingen und versuchten, die Autotüren zu öffnen. Ich machte Stefan auf diese seltsamen Gestalten aufmerksam und meinte, man müsste dies doch dem Polizisten, der in einiger Nähe den Verkehr auf der Piazza Venezia regelte, melden, worauf Stefan mich fragte, wie ich dies tun wolle, da

wir beide nicht Italienisch sprachen. Mit einem etwas mulmigen Gefühl begannen wir unseren Bummel durch das nächtliche Rom. Wir schlenderten die Via Veneto entlang, damals *die* Kultstraße Roms, bewunderten die eleganten Auslagen mit den Designermoden, die zu schier unerschwinglichen Preisen angeboten wurden, bis wir uns schließlich in ein Lokal setzten, um in der einmaligen Atmosphäre Pizza zu essen und ein Glas Wein zu trinken. Dann spazierten wir weiter durch die laue Nacht bis zur Spanischen Stiege, wo wir uns so wie viele andere junge Leute aus aller Herren Länder auf die Treppen setzten, um das Flair einer römischen Nacht zu genießen. Ich hätte hier ewig sitzen können. Stefan aber sprang plötzlich auf und meinte: »Schnell, gehen wir, ich habe das Gefühl, mit unserem Auto ist etwas!« Und da mein lieber Mann ansonsten alles andere als ein Autofreak ist, verhielt er sich sehr merkwürdig. Im höchsten Maße beunruhigt gingen wir so schnell wir konnten in Richtung Parkplatz. Die letzten Meter über die Piazza Venezia liefen wir, Stefan voran, ich hinterher. Nach Luft ringend erreichten wir unseren kleinen Käfer, der als einziges Auto noch auf dem einst überfüllten Parkplatz stand. Wie sich herausstellte, hatte meinem Mann sein Gefühl nicht getrogen:
Das kleine Fenster, das man bei den alten VW kippen konnte, war zur Seite eingedrückt worden. Wir sprangen ins Auto und öffneten sofort das

Glück gehabt!

Handschuhfach, wo wir all unsere wertvollere Habe verstaut hatten – das Geld, die Pässe, die Benzingutscheine –, da wir meinten, dass diese Dinge im Zelt nicht sicher sein würden. Das Auto konnte man wenigstens absperren. Ich griff voller Entsetzen ins Handschuhfach und wundersamerweise fehlte nichts. Die Diebe mussten in dem Moment das Auto aufgebrochen haben, in dem wir zum Auto zurückkamen. Aus Angst, dass die Diebe noch in der Nähe sein könnten, wollte ich so schnell wie möglich den Parkplatz verlassen. Stefan gab Gas und wir sausten mit dem Käfer davon.

Als wir über die Piazza Venezia fuhren, erblickten wir einen Polizisten, der langsam auf und ab ging. Wir hielten vor ihm an und versuchten ihm zu erklären, was uns widerfahren war. Der gute Mann zuckte aber nur mit den Schultern, zeigte auf das eingedrückte Fenster und machte eine bedauernde Handbewegung. Kann man nichts machen, schien er ausdrücken zu wollen. Dann meinte er in gebrochenem Deutsch, wir sollten froh sein, dass nicht mehr passiert war.

Das eingedrückte Fenster reparierte uns in Rom und auch in Unteritalien niemand, es schien für alle Mechaniker eine Bagatelle zu sein. Wir aber konnten fast nicht schlafen, da wir auf dem Weg nach Neapel waren. Mit unserem lädierten Auto wollten wir uns auf keinen Fall in die Stadt wagen, deren Ruf alles andere als vertrauenserweckend war. Deshalb änderten wir unsere Route. In Massa Lubrense fanden wir einen traumhaft schönen Campingplatz in einem Olivenhain, der nur einen Nachteil hatte: Die Zelte standen jeweils auf einer Terrasse, was eigentlich romantisch gewesen wäre. Unsere Nachbarn oberhalb aber waren Franzosen, die mehr als die halbe Nacht Boccia vor ihrem Zelt spielten, wobei ab und zu eine Bocciakugel wie eine kleine Bombe in unser Zelt einschlug.

Auch in Massa Lubrense fand sich kein Mechaniker, der unser Käferlein wieder fit machte. So waren wir gezwungen, auf unseren Ausflügen mit dem halb offenen Auto zu fahren, natürlich immer mit einer Portion Angst im Genick, dass uns der gesamte VW gestohlen werden würde. Wir vermieden deshalb lange Fußmärsche und versuchten immer, unser Auto zumindest im Blickfeld zu behalten. Dies gelang uns mehr schlecht als recht, solange wir auf normalen Straßen und Plätzen fuhren. Eines Tages aber verirrten wir uns auf der Rückfahrt vom Vesuv und landeten in dem unwahrscheinlich düsteren Torre Annunziata, dem Nudelzentrum Italiens. Wir befanden uns plötzlich in einer finsteren Gasse, in der wir weder vor noch zurück konnten. Zum Glück kam ein Bursche des Weges daher, den wir fragten. Der junge Kerl sprang sofort auf das Trittbrett und gab vor, uns den Weg zeigen zu wollen. Wild mit den Armen gestikulierend deutete er einmal rechts und einmal links, dabei übersahen wir, dass er seine Blicke im Auto herumschweifen ließ und als er plötzlich absprang – wir waren mittlerweile schon

Glück gehabt!

auf einer beleuchteten Straße – bemerkten wir, dass uns der Feldstecher, den wir auf dem Rücksitz liegen hatten, fehlte. Dies war zwar sehr ärgerlich, trotzdem hatten wir Glück im Unglück, denn er hätte auch unser Geld, die Pässe oder die Benzingutscheine stehlen können. Oder den Fotoapparat, dann wären wir um ein paar sehr schöne Erinnerungsfotos ärmer gewesen.

PS: Um Italien in einem anderen Licht erscheinen zu lassen, in dem wir es oft und oft gesehen haben, möchte ich an dieser Stelle noch eine kleine Episode aus Palermo anfügen:
Viele Jahre später bereisten wir Sizilien mit unseren Freunden Egger. Nach einem Abstecher über die Liparischen Inseln, Syracus und durch das Landesinnere ging es nach Palermo, wo wir einige Tage bleiben wollten. Da man zu Fuß selbst die großen Städte am besten kennenlernen kann, machten wir uns per pedes auf, um die Schönheiten der Stadt und ihre Atmosphäre richtig zu genießen. Wie es bei Spaziergängen oft passiert, fanden wir nicht den richtigen Weg, sondern verirrten uns in einer düsteren Gasse. Die Menschen, denen wir begegneten, machten alles andere als einen vertrauenswürdigen Eindruck. Martha war die Erste, die ängstlich um sich schaute, ihre Handtasche fest an sich presste und meinte: »Schaut hin, lauter Verbrecher!«
Obwohl wir alle ein eher ungutes Gefühl verspürten, blieb uns nichts anderes übrig, als weiterzugehen.

Rom bei Nacht

Ich übersah in der holprigen Gasse allerdings ein tiefes Loch und kippte mit dem Fuß dort hinein. Als ich wieder auf die Beine kam, musste ich mich zunächst anlehnen, da mir schwindlig wurde. Als ich die Augen öffnete, sah ich in das bärtige Gesicht einer düsteren Gestalt, die mich stützte. Im Nu war ich von Menschen umringt, ein Mann brachte einen Stuhl herbei, auf den ich vorsichtig gesetzt wurde, ein anderer begann meinen Knöchel zu massieren, während mir wieder ein anderer ein Glas Mineralwasser reichte. Zugleich redeten Frauen und Männer lautstark auf den Samariter ein. Alle waren rührend um mein Wohl besorgt. Niemals wieder habe ich so eine Hilfsbereitschaft verspürt, wie damals in Palermo in der Gasse mit »lauter Verbrechern«. Als Stefan wenigstens das Mineralwasser bezahlen wollte, winkten die Männer beinahe beleidigt ab. Sie erklärten, dass sie froh wären, wenn es der signora bionda wieder besser ginge.

Italien hat viele Facetten und daher lieben wir dieses Land, die Leute, die Geschichte und die Kultur, die Mode, das Essen, den Wein, die Sprache, und vor allem »la Dolce Vita«.

PPS: Italien war auch immer für Überraschungen gut: So brach im Hotel Metropol in Venedig Feuer aus, als wir unseren 30. Hochzeitstag dort feierten. In einem Bungalow an der Adria wäre ich beinahe umgekommen, da der Durchlauferhitzer im Bad schadhaft war und ich mir eine schwere Kohlenmonoxidvergiftung zugezogen hatte. Ebenfalls mein Ende hätte sich in Galzignano ereignen können, wo ich einen Glastisch übersah und in ihn hineinstürzte. Der Tisch zersprang in tausend Splitter.

Wie man sieht, ist das Leben ein einziges Abenteuer. Nicht nur in Italien.

Fast eine griechische Tragödie

Nicht der griechische Wein lockte uns und unsere Freunde Egger ins Land der Hellenen, es war die Liebe zur Geschichte, die uns an die Wiege der abendländischen Kultur zog. Daneben natürlich auch das Meer, die Sonne und nicht zuletzt doch der Wein, obwohl Experten uns verrieten, dass man mindestens 50 Flaschen Rezina trinken musste, um auf den Geschmack zu kommen. Obwohl wir Abend für Abend versuchten, dieses Ziel zu erreichen, schafften wir es nicht.

Dieses Mal wollten wir nicht allein verreisen, sondern mit den Söhnen der Eggers, Walter und Toni sowie unserem Niki, obwohl er erst drei Jahre alt war. Wir hatten die Erfahrung gemacht, dass er durch unsere Abwesenheit mehr litt, als wenn wir ihn durch halb Europa schleppten. Mit diesem Kind hätte man um die ganze Welt fahren können. Er war damals schon an allem interessiert und bekam große Ohren, wenn ich begann, ihm die Geschichte der Länder, durch die wir kamen, wie ein Märchen

Glück gehabt!

zu erzählen. So suchte er, als wir ihn als Vierjährigen nach Rom mitnahmen, einen ganzen Vormittag lang den Stein, an dem »alle Straßen der alten Welt zusammengekommen waren«. Nachdem er Dutzende Steine inspiziert hatte, fand sich dann doch endlich der richtige.

Wir hatten beschlossen, im Juli durch Ungarn und das ehemalige Jugoslawien mit dem Auto nach Griechenland zu fahren. Im Jahr 1967 kannte man in Mitteleuropa noch keine klimatisierten Autos, sodass die einzige Abkühlung während des Fahrens darin bestand, die Fenster offen zu lassen. Trotzdem klebten uns die Kleider am Körper.
Nachdem wir ein paar Stunden in Budapest verbracht hatten, war unsere nächste Station Szeged. Dort war es ein Muss, ein Szegediner Gulasch zu essen. Erstaunt stellten wir fest, dass sich das Gulasch von unserem gewohnten »Szegediner« grundlegend unterschied. Es wurde nicht mit Sauerkraut zubereitet, sondern in einem Kupferkessel, in dem oben auf nur rote Pfefferoni schwammen. So scharf, wie es schon von Weitem aussah, war das Gulasch auch. Aber anscheinend musste es so sein, denn einige Ungarn, die uns beim Essen beobachteten und sahen, wie wir nach Atem rangen, meinten, dass einem das Feuer aus den Augen fahren müsse.
Da unser Reisebudget nicht besonders groß war, hatten wir beschlossen, auf Campingplätzen zu dritt

im Auto zu übernachten. Nach einigen Stunden stellte sich heraus, dass wir das keine ganze Nacht aushalten würden. Stefan zog also auf das Campingbett um, das wir für alle Fälle mitgenommen hatten. In der Nacht überfielen den Armen, der im Freien übernachten musste, allerdings Millionen von Mücken. Ich war nicht sicher was schlimmer war: das stickige, heiße Auto oder sich den ganzen nächsten Tagen an allen möglichen und unmöglichen Körperstellen kratzen zu müssen.

Die Fahrt ging weiter durchs hochsommerliche Jugoslawien, wo wir an der Grenze zu Griechenland ein erstes sehr unangenehmes Erlebnis hatten. Die Straße durch Makedonien war ungewöhnlich kurvenreich und schmal, ein unbeleuchteter Tunnel folgte auf den anderen, absolute Konzentration war beim Fahren gefragt. Da sehr viel Verkehr war, kamen wir trotz allem flott voran. Unsere Freunde fuhren voraus, wir folgten in einigem Abstand. Rückblickend kann ich nur sagen, Gott sei Dank. Plötzlich standen wir nämlich in einem völlig finsteren Tunnel mit unserem Auto quer. Vor uns eine Felswand, auf der sich kaum kenntlich unsere Scheinwerfer abzeichneten und hinter uns wieder eine Felswand. Der Tunnel war so eng, dass wir kaum wenden konnten und schon gar nicht schnell genug, wäre ein Auto in diesen Minuten in die stockdunkle Röhre hineingefahren.
Mit schlotternden Knien fuhren wir weiter. Immer,

wenn wir in der nächsten Zeit in einen Tunnel einfuhren, trat uns der Schweiß auf die Stirn und unsere Zunge war wie gelähmt, keiner von uns beiden konnte auch nur ein Wort sprechen. Wir brauchten ein Jahr, um diese Tunnelphobie zu überwinden.

Die ersten beiden Wochen in Griechenland verbrachten wir nahe dem Olymp, den Stefan sich in frevlerischer Weise anschickte zu besteigen. Aber die Götter verhinderten dies, indem sie nur schlechtes, nebeliges Wetter schickten, das allerdings nicht bis zur Küste vordrang, sodass einem ausgedehnten Badevergnügen nichts im Wege stand. Wir hatten Bungalows nahe dem Meer gemietet, was den Nachteil hatte, dass die Kiesel, die durch die Wellen ununterbrochen bewegt wurden, uns mehr als nur in den Schlaf wiegten. Die Geräusche waren gewöhnungsbedürftig, genauso wie die Toilettenanlagen im südländischen Stil.
Vor unserem Bungalow war eine Leine gespannt, auf der wir unsere Badesachen zum Trocknen aufhängten. Dabei konnten wir nicht ahnen, dass in der Nacht Zigeuner vorbeikamen, denen Stefans Badehose und einige Handtücher von den Eggers besonders gefielen. Dieser Diebstahl war für uns deswegen unangenehm, da Stefan nur eine einzige Badehose mit hatte und es in der Nähe weder einen Ort noch eine Stadt gab, wo wir neue Badebekleidung hätten kaufen können.

Fast eine griechische Tragödie

Nachdem unsere Freunde leider die Heimreise antreten mussten, machten wir uns zu dritt auf die weitere Fahrt von Athen nach Marathon. Irgendwoher hatten wir erfahren, dass die Autobahn, die neu gebaut worden war, zwar noch nicht offiziell eröffnet, aber befahrbar war. Wie aber sollten wir diese Autobahn ohne Beschilderung finden? Ich überlegte mir, dass »Auto« wahrscheinlich auch im Griechischen »Auto« heißen müsste und »Dromos« »Bahn«, also »Autodromos« Autobahn. In diesem Sinne fragte ich einige Leute, aber jeder schaute mich nur ganz verblüfft an und zuckte die Schultern. Endlich verstand einer, was wir suchten und meinte, nachdem er uns freundlich den Weg gewiesen hatte, auf Deutsch, dass ich nach einer »Selbstbahn« gefragt hätte.

Der Besuch der Akropolis war für uns unvergesslich, denn wir hatten unseren Urlaub in einer Zeit gewählt, als unmittelbar zuvor ein Militärputsch stattgefunden hatte und deshalb das Land nicht von Touristen überschwemmt war. Im Abendlicht besichtigten wir die historischen Stätten und genossen die unbeschreibliche Stimmung. Wir fühlten uns wie im Zwiegespräch mit der Geschichte.
Es war spät geworden, als wir das weißgekalkte Lokal am Fuße der Akropolis verließen, um auf einem der beiden Campingplätze in Daphnis oder Eleusis zu fahren. Wir überquerten knapp vor Mit-

Glück gehabt!

ternacht den Omonia-Platz und fuhren auf die Schnellstraße nach Korinth auf. Auf der linken Seite reihte sich Hotel an Hotel, aber wir wollten wie immer Geld sparen und im Auto übernachten. Als wir zu den Campingplätzen kamen, waren diese stockfinster, an einen Einlass war nicht mehr zu denken. Uns blieb nichts anderes übrig, als in einem der Hotels in Piräus zu übernachten. Obwohl alle Parkplätze überfüllt waren, fand Stefan ein Hotel, in dem wir unser müdes Haupt zur Ruhe legen wollten. Stefan nahm das Campingbett, ich den kleinen Niki auf den Arm und so gingen wir zur Portierloge. Der Dame, die hier Dienst tat, fielen fast die Augen heraus, als sie uns kommen sah. Wir konnten uns ihr Erstaunen erst erklären, als wir in unserem Zimmer überall das rote Licht sahen und wir am nächsten Morgen die einzigen noch verbliebenen Gäste in dem Stundenhotel waren. Nach einem guten Frühstück, das uns die Hotelbesitzerin, die unseren Buben besonders verhätschelte, persönlich servierte, beschlossen wir, noch eine Nacht zu bleiben. Wer konnte schon wissen, ob das nächste Hotel, das wir gewählt hätten, nicht von der gleichen Kategorie gewesen wäre?

Nachdem wir schließlich alle sehenswerten antike Stätten auf dem Peloponnes besichtigte hatten, machten wir uns auf den Rückweg, der uns nach Patras führte, wo wir mit der Fähre nach Naupaktos übersetzen wollten. Die Auffahrt auf das Schiff war

Fast eine griechische Tragödie

eng und steil und zu allem Überfluss mussten wir rückwärts an Bord fahren. Stefan gab Gas; zu viel, wie sich herausstellen sollte. Unser Ford Taunus machte einen Satz, es krachte und das Auto steckte oben in der Auffahrt. Jetzt war guter Rat teuer. Einige Männer der Schiffsbesatzung rannten herbei und deuteten, dass das Auto hier nicht stehenbleiben konnte. Stefan musste nochmals Gas geben, um den Wagen ganz auf das Schiff zu bringen. Dabei schepperte und klirrte es fürchterlich. Als wir in Naupaktos von der Fähre und über die holprigen Straßen fuhren, glaubte wahrscheinlich jeder, dass wir unmittelbar vorher geheiratet hätten, denn es klang, als hätten wir Blechdosen am Auto hängen. Bei uns allerdings war es der Auspuff, den wir hinterherzogen. Da wir weder die Sprache beherrschten noch sehr viel Geld bei uns hatten, wussten wir nicht, ob es möglich war, das Auto reparieren zu lassen. Kredit- oder Scheckkarten gab es damals noch nicht. Eigentlich ziemlich verzweifelt blieben wir stehen und beratschlagten, was wir tun sollten, als ein amerikanischer Straßenkreuzer neben uns anhielt. Der Fahrer fragte uns auf Englisch, welche Probleme wir hätten. Er erklärte sich spontan bereit, uns zu helfen und bedeutete uns mit einer Handbewegung, dass wir ihm folgen sollten. Einer seiner Verwandten war Mechaniker und der würde unser Auto schon wieder herrichten können.

So war es auch. Der Mechaniker war äußerst ge-

Glück gehabt!

schickt: Er hängte den zurechtgeklopften Auspuff mit Draht stabil in seiner früheren Position auf, daneben verwöhnte er uns mit Cola, Kaffee und Tee. Als es ans Bezahlen ging, verlangte er ein Zehntel dessen, was wir in Österreich für seine Arbeit gezahlt hätten. Wir konnten uns nicht genug bedanken für die unbezahlbare Hilfsbereitschaft und Gastfreundlichkeit. Als wir in Salzburg das Auto fachmännisch reparieren lassen wollten, wurde uns von den Mechanikern dort geraten, den Auspuff so zu lassen, denn so gut könnte ihn hier niemand mehr richten. Er hielt noch jahrelang und fiel erst auf unserer Spanienreise vor Malaga auf die Straße.
Durch unseren Aufenthalt in der Werkstatt hatten wir viel Zeit verloren, sodass es auf unserer Weiterfahrt nach Delphi Nacht wurde. Es hatte angefangen, wie aus Kübeln zu schütten, ein Gewitter löste das andere ab, die Straßen waren eng und kurvig und die Fahrt anstrengend in den uns unbekannten Gebirgsgegenden. Teilweise standen die Straßen unter Wasser, von den Felsen flossen kleine Wasserfälle in die Tiefe und ab und zu sah man Geröllbrocken auf der Straße liegen. Ein mulmiges Gefühl beschlich uns, vor allem, da wir wussten, dass noch viele Kilometer vor uns lagen. In einer unübersichtlichen Kurve fielen plötzlich kleine Steine vor uns auf die Straße. Stefan konnte nicht mehr bremsen, gab Gas, die Reifen quietschten und wir schlitterten zwischen Felswand und Abgrund über die Straße, während hinter uns mit ohrenbetäu-

Fast eine griechische Tragödie

bendem Getöse eine riesige Mure zu Tal donnerte. Bei der ersten Gelegenheit, die sich bot, blieben wir stehen, stiegen mit wackeligen Knien aus dem Auto, standen im strömenden Regen, schnappten nach Luft und rangen nach Fassung. Das war knapp gewesen. Niemand hätte uns hier gesucht, niemand hätte uns, wären wir verschüttet worden, ausgraben können. Einige Sekunden hatten darüber entschieden, dass wir weiter lebend in Griechenland unterwegs sein konnten. Die Götter waren uns gnädig gewesen.

Marokko einmal ganz anders

Urlaubszeit – Reisezeit – herrliche Zeit. Natürlich auch für uns und unsere Freunde. Da wir mit dem Auto schon den Süden Europas bereist hatten, planten wir zur Abwechslung einmal etwas ganz Besonderes: Wir wollten uns auf einen anderen Kontinent vorwagen und nach Nordafrika reisen. Keine Selbstverständlichkeit im Jahre 1972. Ein Bekannter hatte uns von einem wunderschönen Hotel in Marokko vorgeschwärmt, das direkt am Mittelmeer lag und von dem aus man interessante Touren unternehmen konnte. Perfekt für uns, denn wir wollten weder einen reinen Bade- noch einen reinen Kulturzlaub. Feuer und Flamme für diese Idee suchten wir in den wenigen Prospekten, die uns damals zur Verfügung standen, Näheres über unser Reiseziel heraus.

Nordafrika, das war für uns eine Gegend, wo sich in unserer Phantasie Orient mit Okzident vermischte, wo es möglich war, in nur wenigen Stunden von der Wüste ins schneebedeckte Hochgebirge zu gelan-

Glück gehabt!

gen, wo sich modernes Leben in den Städten mit uralten Traditionen verband.

Bisher waren wir auf unseren Reisen entweder mit dem Zug oder dem Auto unterwegs gewesen, diesmal sollte es durch die Lüfte übers Meer gehen. Für die Kinder, Toni jun., seinen Bruder Walter und unseren Sohn Niki war diese Vorstellung geradezu abenteuerlich, denn außer mir, die ich mit 18 Jahren von London nach München geflogen war, hatte noch keiner je ein Flugzeug bestiegen. Die Reise nach Marokko war in jeder Hinsicht sensationell.

An der Flugverbindung gab es nur einen Haken: Zur damaligen Zeit wurden von Wien aus keine Destinationen in Marokko angeflogen, der Passagierflugverkehr lag damals noch in den Kinderschuhen. Deshalb hatten wir nur die Wahl, entweder von Wien nach Zürich oder Frankfurt zu fliegen, um dort in eine Maschine nach Marokko umzusteigen. Oder aber mit dem Zug nach Zürich zu fahren. Ein kurzer Blick in unseren Geldbeutel genügte, um zu wissen, dass wir Zürich nur mit der Eisenbahn erreichen konnten, da die innereuropäischen Flüge vergleichsweise teuer waren. So nahmen wir die schier endlose und ermüdende Reise mit der Eisenbahn in Kauf. Ich weiß nicht mehr, wie lange wir in der Julihitze in dem nicht klimatisierten Abteil unterwegs waren. Quer durch Österreich ging die Fahrt, gefolgt von der Strecke Feldkirch–Zürich. Als wir endlich ankamen, waren wir wie gerädert. Wer das eher düstere und leicht

Marokko einmal ganz anders

dubiose Hotel in der Nähe des Bahnhofs ausgewählt hatte, war nicht mehr zu eruieren, aber sicherlich war es preiswert gewesen. Wie sich zeigen sollte, war die Unterkunft nicht nur sehr einfach, hier erlebte unser Freund Toni zusätzlich eine äußerst unangenehme Überraschung. Er hatte, so wie es damals in Hotels üblich war, seine Schuhe vor dem Schlafengehen vor die Zimmertür zum Putzen gestellt. Als er am nächsten Morgen die Zimmertür öffnete, um nach seinen Schuhe zu greifen, waren diese spurlos verschwunden. Irgendjemandem hatten die nicht einmal besonders schicken Schuhe so sehr gefallen, dass er sie unbedingt besitzen wollte. Für Toni entstand dadurch ein echtes Problem, er hatte nämlich nur dieses eine Paar mit auf die Reise genommen, denn auch die Eggers lebten damals nicht gerade im Luxus. Als Toni den Verlust der Hoteldirektion meldete, zuckte man zunächst nur bedauernd die Schultern, indem man meinte: »Na, so ein Pech. Da können wir aber auch nichts machen, vielleicht hat ein anderer Gast die Schuhe mitgenommen. Da müssen Sie halt ein Paar neue kaufen.« Als aber Toni etwas heftiger wurde und darauf hinwies, dass heute Sonntag wäre und er nirgendwo in Zürich Schuhe bekäme, ließ man sich dazu herab, in einer Besenkammer nachzuschauen, wo man schließlich ein Paar Schuhe fand, die jemand vergessen hatte. Zu Tonis großem Glück passten ihm die Schuhe fast.
Unser Abflug nach Afrika verzögerte sich am Flug-

Glück gehabt!

hafen Zürich-Kloten um einige Stunden, da technische Schwierigkeiten aufgetaucht waren. Die Swiss Air lud uns zu einem Frühstück und eine Stunde später zu einem Mittagessen ein, aber als das Essen vorüber war, wurde vor allem den Kindern langweilig. Da die beiden Egger Buben genauso wie Niki und ich gerne Tarock spielten, zog ich im Flughafen Café die Karten heraus, damit wir uns die Zeit vertreiben konnten. Meine Idee war gut, aber nicht für die Schweizer Behörden, denn die unterscheiden nicht, in welcher Absicht in einem Lokal Karten gespielt wird. Kaum hatten wir nämlich das erste Spiel begonnen, als ein Angestellter des Flughafens aufgeregt auf mich zukam und mich mit strenger Miene belehrte, dass Kartenspiele zu den Glücksspielen gehörten und daher erst recht mit Kindern in Schweizer Lokalen verboten wären.
Nachdem die Probleme, die mit der Maschine entstanden waren, gelöst waren, blinkte endlich das langersehnte Signal zum Boarding. Ein Wettlauf unter den Passagieren setzte ein, es gab damals noch keine nummerierten Plätze, sodass der Schnellste den besten Platz belegen konnte. Niki hatte wie immer seinen kleinen Koffer mit den Matchbox-Autos dabei und rannte, wie alle anderen auch, auf die Maschine zu. Plötzlich öffnete sich der Koffer wie von Geisterhand und die kleinen Autos ergossen sich auf das Rollfeld und liefen in allen Richtungen davon. Es dauerte lange, bis wir sie eingesammelt

hatten und natürlich fanden wir deshalb nur Plätze ganz hinten in der Maschine, die von den Buben fachgerecht als DC-9 erkannt wurde.

Nach unseren Startschwierigkeiten erreichten wir schließlich Al Hoceïma, wo wir geruhsame Badetage am Mittelmeer verbrachten. Da wir allesamt sehr unternehmungslustig waren, meldeten wir uns zu einem Crashkurs im Wasserskifahren und die Männer zu einem Segelkurs an. Das Wasserschifahren machte uns schon bald richtigen Spaß, während die Segler uns fast abhanden gekommen wären. Der Wind hatte so ungünstig geweht, dass das Boot hinaus aufs Meer in Richtung Europa getrieben wurde. Letztendlich bekamen wir unsere Männer aber wieder. Es war ihnen aber eine Lehre, dass letztendlich doch alles gelernt sein will.

Das Hotel Mohammed V. war für unsere Begriffe ungewöhnlich komfortabel, am meisten imponierte den Kindern das mittägliche kalte Buffet. So etwas hatten sie und auch wir noch nie gesehen. Obwohl die Auswahl der Speisen wirklich groß war, konnten sich Niki und Walter drei Wochen lang nicht entschließen, etwas anderes zu essen als Salami und Weißbrot, wodurch sich die alte Weisheit wieder einmal bewahrheitete, dass der Bauer das nicht isst, was er nicht kennt.

Schon zu Hause hatten wir beschlossen, uns auf dieser Reise einen Teil des Landes anzuschauen und hatten daher einen Flug nach Rabat gebucht. Als wir

Glück gehabt!

das Flugzeug bestiegen, gesellte sich ein Marokkaner zu uns, ein gepflegter Mann, so wie er aussah, ein Geschäftsreisender. Wir kamen mit ihm ins Gespräch, wobei er sich in tadellosem Französisch erkundigte, woher wir kämen und wie unsere weiteren Pläne aussähen. Da er einen vertrauenswürdigen Eindruck erweckte, erzählten wir ihm, dass wir zuerst Rabat besichtigen wollten, um dann nach Meknès und Fès weiter zu fahren. Als er hörte, dass wir in Rabat für einen Tag bleiben wollten, machte er sich erbötig, uns die Stadt zu zeigen. Wir fanden sein Angebot sehr liebenswürdig und nahmen gerne an. Es war eine interessante Tour, er wies uns auf viele versteckte Schönheiten der Stadt hin und war zu den Kindern besonders nett, obwohl sie ihn nicht verstanden. Nach der Stadtführung war es für uns selbstverständlich, dass wir ihn als kleines Dankeschön zum Abendessen einluden. Er führte uns in ein gemütliches Lokal und empfahl uns echte marokkanische Spezialitäten, die zwar nicht ganz unserem Geschmack entsprachen – Taubenpastete dick mit Puderzucker bestreut kitzelt nicht unbedingt den europäischen Gaumen –, die wir aber dennoch mit großer Neugier kosteten.

Wir verbrachten einige gemütliche Stunden und fuhren dann zu einem Hotel, das uns unser Privatführer empfohlen hatte und in dem auch er logierte. Das Hotel war tadellos, die Zimmer ungewöhnlich groß und sauber. Wir waren rundum zufrieden. Bevor wir am nächsten Morgen weiterreisen wollten, ging Stefan mit Niki zur Rezeption, um zu zahlen, während ich dabei war, die Reisetasche zu packen. Auf einmal öffnete sich die Zimmertür, ohne dass geklopft worden wäre, der elegante Herr von gestern kam grußlos herein, ging mit großen Schritten auf mich zu, packte mich am Hals, drängte mich zum Bett und warf sich auf mich. Ich war so verblüfft, dass ich mich anfangs kaum wehren konnte, während er versuchte, mir die Kleider vom Leib zu reißen. Ich rang nach Luft und konnte nur »Niki« schreien. Mein Ablenkungsmanöver schien zu funktionieren. Der Marokkaner war verunsichert, ob nicht doch jemand im Bad war. Er ließ von mir ab, sprang auf und verschwand spurlos. Der Schock nach diesem Erlebnis saß tief. Seither vergesse ich nie, die Hotelzimmertür zuzusperren, wenn ich allein bin.

Diese Schrecksekunde sollte nicht die letzte dieser Reise sein. Mit Einheimischenbussen ging es nach Meknès, in eine der heiligen Städte der Mohammedaner. Nach einem ausführlichen Besichtigungsprogramm beschlossen wir, uns einen gemütlichen Abend – diesmal ohne Kinder – zu machen. Wir fanden ein nettes Lokal, wo wir gut und reichlich typische Landesspeisen genossen und uns blendend unterhielten. Nachdem wir Fisch und Scampi verzehrt hatten, kam unsere Freundin Martha auf die Idee, dass etwas Süßes zum Abschluss gut wäre. Sie meinte, dass Stefan, der Französisch konnte,

Glück gehabt!

Kuchen oder andere Süßigkeiten bestellen sollte. Zuerst waren wir noch unentschlossen, allmählich verspürten aber auch wir den Wunsch nach einem Dessert. Stefan rief den Kellner herbei und fragte ihn nach einem »Cadeau«, worauf der Kellner ihn ungläubig anschaute und noch einmal die Frage wiederholte, was wir zu bestellen wünschten. Und Stefan antwortete wieder: »Oui, oui, un cadeau« Kopfschüttelnd sah uns der Kellner an und ging von dannen. Als eine geraume Zeit verstrichen war, kam er mit einer großen Schüssel Pommes Frites zurück, in der vier Gabeln steckten. Auf unsere erstaunte Frage, was das sein sollte, antwortete der Kellner: »Ce cadeau, oui, ce cadeau!« Wir verstanden die Welt nicht mehr, immerhin hatte Stefan Kuchen bestellt und man brachte uns Pommes Frites. Lustlos stocherten wir in der Schüssel herum, denn eigentlich waren wir wirklich satt. Als es zum Zahlen kam, standen die Pommes nicht auf der Rechnung. Wir mahnten dies ein, worauf der Ober sagte: »Non, ce cadeau de la maison!« Es dauerte nicht lange, bis wir des Rätsels Lösung fanden: Stefan hatte das Wort »cadeau« mit dem Wort »gateau« verwechselt, er hatte nach einem Geschenk, statt nach einem Kuchen verlangt. Und wahrscheinlich konnte sich der marokkanische Kellner keinen Reim darauf machen, warum die Europäer ein Geschenk vom Haus am Ende eines Essens verlangten. Als »cadeau de la maison« hatte man uns also die Schüssel Pommes Frites gebracht.

Marokko einmal ganz anders

Wir haben noch lange über diese Geschichte gelacht.

Unsere nächste Station war Fès, wo wir am späten Vormittag ankamen. Als wir uns nach einem Bus erkundigten, der uns über das Rifgebirge zurück ans Mittelmeer bringen sollte, erfuhren wir, dass der Bus in einer halben Stunde abfahren würde. Natürlich war es für uns unmöglich, kaum dass wir angekommen waren, schon wieder zurückzufahren. Als wir hin und her überlegten, was wir tun sollten, gesellte sich ein Privatmann zu uns, der sich bald an unserer Diskussion beteiligte. Er besaß einen Peugeot 404, ein Auto, das für fünf Personen zugelassen war. »Uns waren aber sieben«, wie Martha dies immer ausdrückte. Da wir sieben über wenig Geld verfügten, hätte eine Fahrt mit zwei Taxis ein großes Loch in unser Urlaubsbudget gerissen. Daher einigten wir uns mit dem Peugeotfahrer, dass er uns in der Nacht nach Al Hoceïma bringen sollte. Irgendwie würden wir schon Platz in dem Auto finden.

Vorher aber wollten wir uns die Stadt anschauen. Störend war nur das Gepäck. Obwohl wir nicht viel mitgenommen hatten, waren die Reisetaschen doch schwer und vor allem für eine Stadtbesichtigung völlig ungeeignet. Deshalb nahmen wir, ohne lang zu zögern, das Angebot des freundlichen Autofahrers an, unsere Habe in seinem Kofferraum zu deponieren. Um Punkt sechs Uhr am Abend wollte

Glück gehabt!

er dann an dem vereinbarten Treffpunkt sein. Dies schien für uns die ideale Lösung unseres Problems zu sein. Frank und frei konnten wir uns jetzt auf die Erkundungstour in Fès begeben, einer eindrucksvollen, geheimnisvollen Stadt mit seiner großen Mauer. Wir schlenderten durch die Altstadt, waren den Teppichhändlern gegenüber standhaft und kauften nichts, aßen in einem urtümlichen Lokal zu Mittag, kurz – wir genossen den Tag und das Leben.

Die gute Stimmung trübte sich erst als einer von uns die Frage aufwarf, was eigentlich sein würde, wenn der uns völlig unbekannte Mann mit unserer Habe nicht erschiene. Wir hatten uns nicht einmal die Nummer des Autos gemerkt, geschweige denn, nach dem Namen des Mannes gefragt. Wir führten in unserem Gepäck zwar keine Reichtümer mit, aber unangenehm wäre es doch gewesen, wenn der Mann mit unseren Sachen auf Nimmerwiedersehen verschwunden wäre. So sahen wir mit Bangen dem aufkommenden Abend entgegen.

Aber der Marokkaner war ehrlich, Punkt sechs stand er da und wir begannen, uns in den Peugeot zu pferchen, die Familie Egger saß zu viert auf den Rücksitzen – die Buben waren elf und vierzehn – Stefan, Niki und ich quetschten uns auf dem einen Vordersitz zusammen. Der Fahrer neben uns beanspruchte natürlich seinen ganzen Sitz. So legten wir über dreihundert Kilometer stundenlang halb übereinander sitzend in stockdunkler Nacht zurück.

Marokko einmal ganz anders

Da nicht nur der Fahrer nach geraumer Zeit eine Pause benötigte, machten wir mitten im Rifgebirge Halt. Als wir uns aus dem Auto rollten, staunten wir nicht schlecht, denn vor uns sahen wir ein beleuchtetes Restaurant, im alpenländisch-ähnlichen Stil erbaut. Um uns die Beine zur vertreten, gingen wir etwas hin und her, auch an einigen Büschen vorbei, wo sich plötzlich etwas regte. Erschrocken schauten wir uns um, konnten aber nur ein paar Buben erkennen, die uns mit Gesten zu sich hin lockten. Im Dunkel der Nacht erkannten wir, dass sie uns etwas verkaufen wollten. Einer zündete ein Streichholz an und jetzt sahen wir das Pulver, das sie uns anboten, indem sie »Haschisch, Haschisch« murmelten. Wahrscheinlich lebte das Hotel hier mitten im Niemandsland von derlei Geschäften.
Nach einiger Zeit setzten wir unsere Fahrt bei Mondschein über das Rifgebirge fort. Obwohl wir kaum Platz zum Atmen hatten, verfielen wir, müde, wie wir waren, in Tiefschlaf. Nur Stefan hielt sich mit äußerster Mühe wach. Er hatte bemerkt, wie schläfrig der Fahrer wurde. Um sich aufzumuntern begann er, mit dem Auto Jagd auf die Tiere zu machen, die, von den Scheinwerfern geblendet, vor unserem Auto herliefen. Er fuhr deshalb zick-zack, manchmal direkt neben einem Abgrund und dann wieder hin zu einer Felswand. Gott sei Dank schliefen wir friedlich, denn diese Fahrweise hätte uns den letzten Nerv geraubt.
Um drei in der Früh konnten wir endlich in Al

Glück gehabt!

Hoceïma aussteigen, übergaben dem Fahrer die ausgemachte Summe, der sich unmittelbar danach auf den Heimweg machte. Vielleicht kehrte er in dem »Haschisch-Hotel« ein – Geld hatte er ja jetzt.

Die Wüste ruft

Unsere Marokkoreise hatte uns auf den Geschmack gebracht, den Norden Afrikas zu bereisen, obwohl auch der Rückflug nach Europa einige Turbulenzen aufwies. Die Propellermaschine, eine DC-6, geriet über Südspanien in ein Unwetter, sodass wir schon glaubten, die Engel singen zu hören. Aber nach einem Jahr waren alle Fiaskos vergessen und wir machten uns mit neuem Mut und Elan nach Tunesien auf. Nachdem auch unsere Freunde Martha und Toni mit diesem Reiseziel einverstanden waren, stellten wir gemeinsam eine Tour zusammen. Wir wollten zuerst in Tunis Station machen, ich natürlich in der Hoffnung, doch noch ein paar Überreste vom alten Karthago zu finden. Ich wurde bitter enttäuscht, denn die Römer hatten seinerzeit im Jahr 169 v. Chr. ganze Arbeit geleistet und die Stadt mit Stumpf und Stiel ausgerottet. Kein karthagischer Stein blieb auf dem anderen. Die Zeit überdauert hatten nur einige wenige Ruinen aus der römischen Besatzungszeit, die für den Besucher eher enttäu-

Glück gehabt!

schend wirken und nichts vom einstigen Glanz der antiken Millionenstadt erzählen.

Nachdem wir nach einem ausnahmsweise ruhigen Flug in Tunis gelandet waren, suchten wir unser Hotel auf und machten am späten Nachmittag einen ersten Bummel durch die Stadt. Dabei bemerkten wir einen penetranten Geruch, der über der ganzen Stadt lag und dessen Ursache wir uns nicht erklären konnten. Ebenfalls seltsam fanden wir die Einheimischen, die sich nur mit kleinen Jasminsträußchen, die sie dicht vor die Nase hielten, in der Stadt bewegten. Bald sollten wir des Pudels Kern erfahren, denn Händler machten uns darauf aufmerksam, dass durch den intensiven Duft der Jasminsträußchen die stinkige Luft nicht mehr unangenehm war. Tunis hatte damals noch keine Kläranlagen und sämtliche Abwässer der Stadt wurden in die froschgrüne Lagune geleitet, die Tunis vom ehemaligen Karthago trennte. Es sollte noch Jahre dauern, bis die moderne Technik hier Abhilfe schaffte und die Bewohner von Tunis von dem unerträglichen Gestank befreite.

Von Tunis aus ging unsere Fahrt zu den römischen Ausgrabungen in Dougga, wo es so heiß war, dass die Luft flirrend zu stehen schien und wir alle einem Hitzekoller nahe waren. Während wir zwischen den antiken Steinen im Schweiße nicht nur unseres Angesichts herumkrochen, brach Martha tatsächlich zusammen. Als sie wieder zu sich kam und nach etwas zu trinken lechzte, weigerte sich Toni, ihr etwas zu geben, in der irrigen Annahme, dass Flüssigkeit besonders schlecht in ihrem Zustand sein könnte. Er selber trank auch nichts, während ihm der Schweiß vom Gesicht tropfte. Da er unser Fahrer war, hätte seine Sturheit beinahe gefährliche Folgen gehabt. Genauso wie wir völlig ermattet setzte er sich ans Steuer unseres Leihwagens. Die gewaltige Hitze in dem wüstenhaften Gebiet trug ein Übriges dazu bei, dass nicht nur wir Mitfahrer einnickten. Auch Toni überfiel der Schlaf und plötzlich schreckten wir durch ein lautes Hupgeräusch auf. Unser Fahrer war mit dem Kopf auf die Hupe gefallen. Wir hatten Glück im Unglück gehabt, denn die Straße führte auf einem künstlich errichteten Wall entlang, auf der linken Seite ging es steil bergab und auf der rechten Seite reihte sich ein deutscher Soldatenfriedhof an den anderen. Vielleicht hätte man dort noch ein Plätzchen für uns gehabt?

Tunis war für uns der ideale Ausgangspunkt für eine Reise ins Innere Tunesiens, nach Kairouan, das genauso wie Meknès als Heilige Stadt der Mohammedaner gilt. Es war wieder unbeschreiblich heiß – wir fuhren ja immer im Juli durch Nordafrika – und das Auto, das wir gemietet hatten, besaß keine Klimaanlage. Unser Weg führte uns von Tunis aus auf einer relativ guten Straße nach Süden. Wir hatten die Karte genau studiert und wussten, dass wir stundenlang durch Halbwüstengebiet fahren würden, Ortschaften würden wir in den nächsten

Glück gehabt!

Stunden keine passieren. Doch plötzlich tauchte am Horizont ein Turm auf, der zu einer Moschee zu gehören schien, daneben sah man Palmen und Häuser, die sich um einen kleinen See duckten. Überrascht entfalteten wir unsere Landkarten. War es möglich, dass wir uns verfahren hatten? Auf der Karte war rundum nichts als Wüste eingezeichnet. Wir fuhren auf den Ort am Horizont zu, aber je näher wir kamen, umso kleiner wurde er und verschwand schließlich ganz. Wir hatten in der flirrenden Hitze den Spuk einer Fata Morgana erlebt.

In Kairouan fielen wir – wie hätte es anders sein können – einem Teppichhändler in die Hände, der uns seine Ware in gekonnt orientalischer Weise feilbot. Und obwohl die Eggers immer wieder betont hatten, sie würden auf gar keinen Fall einen Teppich kaufen, waren sie die ersten, die schwach wurden. Das war unser Pech, denn der Teppich, der uns am besten gefallen hätte, liegt nun bei ihnen im Vorzimmer, während derjenige, den wir kauften, sicherlich nicht so farbenprächtig wie der unserer Freunde ist.

Unsere Reise endete nicht in Kairouan, wir hatten anschließend noch einen längeren Aufenthalt in Zarzis gebucht, das man über den Römerdamm von der Insel Djerba aus erreichen konnte. In tiefer Nacht landeten wir auf dem Inselflughafen und wurden zu unserem Hotel gebracht, das wir um ein Uhr völlig übermüdet erreichten. Hier wartete eine weitere böse Überraschung auf uns, denn niemand fand unsere Namen auf den Hotellisten. Das Hotel »Zita«, das wir über unser Reisebüro gewählt hatten, war völlig ausgebucht. Wir Frauen und die Kinder standen abseits, während die Männer immer lautstärker mit dem tunesischen Hotelportier verhandelten. Er telefonierte mitten in der Nacht herum und teilte Toni und Stefan mit, dass es eine Möglichkeit im Hotel »Zarzis« in der Nähe gäbe. Stefan wollte stur bleiben, ich aber wusste, dass das »Zarzis« als ein Fünf-Stern-Hotel in den Katalogen angepriesen wurde. Ich gab ihm einen Wink, dass er sich wie auch Toni einverstanden erklären sollte, das Angebot anzunehmen. Wie sich herausstellte, war das Hotel nagelneu, allerdings so neu, dass die Klimaanlage noch nicht funktionierte, was im afrikanischen Sommer alles andere als angenehm war. Schweißgebadet nahmen wir unsere Mahlzeiten ein und waren nicht in der Lage, zu der guten Livemusik auch nur ein Tänzchen zu wagen. Unsere Kleidung war schon triefend nass, bevor wir die Tanzfläche betraten.

Trotzdem verbrachten wir lustige Tage mit Schwimmen, Tennisspielen und Faulenzen, bis wir beschlossen, wieder einen Wagen zu mieten, um von Zarzis aus in die Wüste zu fahren. Die Fahrt über die am Horizont verschwindende Straße schien endlos auf der schmalen Asphaltpiste, auf der nur ein Auto Platz hatte. Bei Gegenverkehr, der gottlob nicht sehr häufig war, kam es darauf an, wer die

Glück gehabt!

stärkeren Nerven bewahrte, der Entgegenkommende oder wir. Und da die Tunesier, die hier fuhren, die Usancen genau kannten, waren sie in diesem Duell der Autos meist die Sieger und wir konnten von Glück sprechen, wenn wir eine entsprechende Ausweichstelle finden konnten.

Das Gebiet zwischen dem Mittelmeer und dem Sandmeer der Sahara ist eine Halbwüste, in der nur noch ab und zu ein paar Grasbüschel in der glühenden Hitze dahindarben. Die hohen Temperaturen erschöpfen alles und jeden, sodass wir am späten Vormittag todmüde in Douz, dem letzten Ort vor den großen Dünen, ankamen. Ermattet stiegen wir aus dem Auto, in dem es wenigstens Schatten gegeben hatte, um im nächsten Moment staunend stehen zu bleiben, denn die seltsamen hochgewachsenen Gestalten mit den Turbanen und den blauen Tüchern vorm Gesicht, die auf uns zukamen, waren fremdländisch und exotisch. Inmitten der würfelförmigen strahlend weißen Häuser waren Marktstände aufgebaut, wo die Tuareks ihre Waren anboten, um sie gegen Güter einzutauschen, die es in ihren Oasen nicht gab. Hier war die Zeit stehengeblieben: Es gab weder befestigte Straßen noch elektrischen Strom, kein Gasthaus, geschweige denn ein Hotel. Die moderne Zivilisation hatte Douz noch nicht erreicht. Das »Tor zur Wüste« war für den Tourismus noch nicht geöffnet. Douz war allerdings nur eine Zwischenstation auf unserer Tour in die Wüste. Von den großen Dünen aus

Die Wüste ruft

hatte man schon einen weiten Blick in die Sahara, wo wir in der Ferne eine Kamelkarawane erspähen konnten. Nicht nur für die Kinder war der feine, mehlartige, weiße Wüstensand ein Erlebnis. Begeistert kugelten sie die Dünen hinunter, wobei sich in Windeseile tunesische Buben in ihren weiten Umhängen anschlossen und ebenfalls die Hänge hinunterrollten. Sie sprachen ein gebrochenes Französisch und plötzlich fragte einer der Knaben Stefan, wie der Fußballklub Bayern München gespielt hätte. Wir glaubten unseren Ohren nicht trauen zu können, aber König Fußball hatte auch den letzten Ort vor dem Ende der Welt erreicht.

Nachdem Niki und Walter ausgiebig Verdurstende gespielt hatten, ohne dass wir ahnen konnten, bald tatsächlich in eine prekäre Situation zu kommen, schlossen wir uns einem tunesischen Führer an, der von einem Franzosen für eine Wüstenfahrt engagiert worden war. Da wir einen ortskundigen Führer besaßen, trafen wir keine großen Vorkehrungen, sondern fuhren einfach hinter ihm her, ohne auf den Weg oder die Himmelsrichtung zu achten. Plötzlich stoppte das Auto mit dem Franzosen und wir sahen an den Gesten der Männer vor uns, dass irgendetwas passiert sein musste. Der Führer sprang aus dem Auto und erklärte uns, dass der Monsieur anscheinend einen Hitzekoller hatte und sofort umkehren wollte. Höflicherweise fragte uns der Führer, ob wir auch mit ihm zurückfahren wollten. Eine Umkehr – jetzt? Das kam für uns auf keinen Fall infrage. Wir

Glück gehabt!

versicherten dem Tunesier, dass wir alleine zurechtkommen würden. Was wir aber nicht bedacht hatten, war, dass wir absolut nicht ausgerüstet waren für eine Wüstenfahrt. Wir hatten weder einen Kompass bei uns noch einen Schluck Wasser. Aber ohne lange zu überlegen, setzten wir unsere Fahrt in dem pulverförmigen Sand fort. Die Straße bestand nur aus einer schmalen Piste, die von Zeit zu Zeit von einem Sandpflug instand gehalten wurde. So fuhren wir dahin, immer der Nase nach, eintönig, stundenlang, bis Toni auf die Idee kam, abzubiegen. Er riss das Steuer herum, das Auto stoppte, geriet mit zwei Rädern neben die befestigte Piste, neigte sich zur Seite und versank ganz langsam im Sand. Starr vor Schreck stiegen wir langsam und vorsichtig aus. Da standen wir sieben nun, umgeben von Wüste, in der Mittagshitze der Sahara, ohne Kompass, ohne Schaufel, ohne Wasser, völlig ratlos. Zunächst versuchten wir alle zusammen, das Auto wenigstens aufzurichten, was sich aber als völlig sinnlos herausstellte. Jede noch so kleine Bewegung ließ den Wagen mehr und mehr im Sand versinken. Wir hatten keine Ahnung, wie es weitergehen sollte. Auch war äußerst unwahrscheinlich, dass zufällig irgendjemand des Weges kommen würde, der uns aus dem Sand ziehen konnte. Es blieb uns nichts anderes übrig, als uns immer wieder neue Methoden zu überlegen, wie wir unser Auto fit machen könnten. Dazu kam, dass die drei Buben plötzlich anfingen, über großen Durst zu klagen und wir hatten überhaupt nichts Trinkbares mit. Die Sonne stand im Zenit und glühte auf uns herab, während unsere Lage hoffnungslos schien. Ratlos stapften wir durch den Sand, als Stefan plötzlich aufschrie. Er hatte ein versteinertes Palmenblatt gefunden, ein Geschenk des Himmels. Wir legten das Palmenblatt unter die Räder, sodass diese festen Untergrund bekamen. Ganz langsam und vorsichtig wurde das Auto gestartet und wie durch ein Wunder richtete es sich wieder auf und gelangte zurück auf die Piste. Ganz aufgelöst hatte sich unsere brenzlige Situation aber noch nicht. Das Auto war zwar wieder fahrtüchtig, doch wussten wir nicht, in welche Richtung wir fahren mussten, um wieder nach Douz zurückzukommen. Wir versuchten unseren Spuren zurückzufolgen, doch diese waren vom Wind längst verweht worden. Es blieb uns schließlich nichts anderes übrig, als einfach der Nase – oder besser unserem Gefühl – nach zu fahren. Wir hatten wirklich mehr Glück als Verstand, denn als wir tatsächlich die würfelförmigen Häuser von Douz in der Ferne erblickten, erkannten wir, dass wir von einer ganz anderen Seite in den Ort kamen, als wir ihn verlassen hatten. Durstig, verschwitzt und leicht erschöpft labten wir uns anschließend in Kebili in dem artesischen Brunnen, wo das Wasser in einem dichten Strahl aus 700 Metern Tiefe in die Höhe schoss und einen kleinen See bildete. So wie wir waren – in voller Kleidung – gingen wir in den Teich, um uns abzukühlen. Das

Wasser war herrlich erfrischend, aber als wir fünf Minuten wieder im Trockenen waren, waren wir in der Hitze staubtrocken.

Heute hat man aus dem romantischen kleinen See ein Schwimmbecken gemacht, gefliest mit Keramikkacheln, ein Touristenziel. Der kleine Ort Douz, der damals für uns am Ende der Welt lag, besitzt heute asphaltierte Straßen, elektrisches Licht, mindestens ein Hotel und am Fuß der großen Dünen ein riesiges kitschiges Tor, das den Eingang zur Wüste symbolisiert. Die Romantik des Südens von Tunesien fiel den Reiseveranstaltern zum Opfer, die Scharen von Touristen in diesen Landesteil bringen.

PS.: Wir haben Douz Jahrzehnte später mit unseren Enkelkindern noch einmal besucht und eine herbe Enttäuschung erlebt. Aus dem romantischen Ort war ein Tourismuszentrum geworden. Damals beschlossen wir, nie mehr an die Orte zurückzukehren, die wir in ihrer Ursprünglichkeit und Einzigartigkeit erlebt hatten.

In Jugoslawien erwartete uns Schreckliches

Jahre waren ins Land gezogen, viel hatte sich verändert, aber nicht unsere Beziehung zu unseren Freunden Egger. Nach wie vor planten wir gemeinsame Urlaube, denn nicht nur wir vier verstanden uns blendend, vor allem die Buben hatten immer noch Spaß miteinander. Deshalb beschlossen wir, wieder einmal eine Fahrt nach Jugoslawien zu wagen. Diesmal sollte es mit einem Kleinbus an die Adria gehen, den sich Toni von der Schibindungsfirma Tyrolia ausgeliehen hatte. Damit wir wirklich stilecht auftreten konnten, hatte er uns zusätzlich grellgelbe T-Shirts besorgt, auf denen in großen Buchstaben »Tyrolia-Racing-Team« gedruckt war. Wenn wir gemeinsam auftraten, waren wir wirklich kaum zu übersehen. Daher fragte mich auch eine Jugoslawin, als wir unserem Kleinbus entstiegen, ob ich zur österreichischen Schinationalmannschaft gehörte. Ich freute nich darüber, für so sportlich gehalten zu werden. Eigentlich hätte uns die Firma Tyrolia für diesen Werbe-Gag etwas zahlen müssen,

Glück gehabt!

aber wir waren schon über den Kombibus froh, mit dem wir die Reise antreten konnten.

Von Leoben aus starteten wir und fuhren zunächst durch Slowenien, wobei uns die Schönheit der Landschaft über die miserablen Straßen hinwegtröstete. Häufig war es nur möglich, im Schritttempo zu fahren. Teilweise war das Tempo so gering, dass uns ein Vogel, der knapp über dem Boden flog, überholte – sehr zur Belustigung der Buben. Unsere Geduld wurde auf eine harte Probe gestellt, die Staubstraßen wollten nicht enden und es dauerte stundenlang, bis wir endlich eine ordentliche Asphaltstraße erreichten. Unserem Urlaubsziel, der alten dalmatinischen Stadt Trogir, kamen wir nur im Schneckentempo näher.

Wir hatten unseren Aufenthalt in der Küstenstadt im Reisebüro gebucht, wo man uns versichert hatte, dass das von uns ausgesuchte Hotel nach den neuesten Standards errichtet und mit westlichem Komfort ausgestattet worden war. Was man uns allerdings verschwiegen hatte, war die Tatsache, dass das Hotel unendlich viele winzige Zimmer besaß, in denen man sich kaum umdrehen konnte. So klein die Räume im Allgemeinen waren, so groß war der Speisesaal angelegt, in dem sich Hunderte Menschen zum Essen drängten. Die Schlange vor den Buffets war beängstigend lang und man musste froh sein, wenn man nicht von irgendeiner Seite einen Schubs bekam, sodass einem der Teller aus der Hand fiel oder dem Hintermann ins Gesicht.

In Jugoslawien erwartete uns Schreckliches

Auch der zum Hotel gehörende Badestrand erwies sich als schmal und überfüllt, daher pilgerten wir jeden Vormittag meilenweit am Ufer des Meeres entlang, um endlich eine Stelle zu finden, wo wir ungestört lagern konnten. Meist schwamm ich von unserem Hotel weg bis dorthin, wo wir die nächsten Stunden verbringen wollten. Da man in der Adria immer wegen Haien vorsichtig sein musste und nicht allzu weit hinausschwimmen sollte, kraulte ich den Strand entlang, am Morgen in die eine Richtung, zu Mittag wieder zurück, um am Nachmittag dasselbe Programm ebenfalls zu absolvieren.
So geschah dies auch an dem Tag, der sich unauslöschlich in meinem Gedächtnis verankert hat. Wir verbrachten den ganzen Vormittag an unserem Badeplatz, hatten gelesen, uns unterhalten oder Karten gespielt, ab und zu wagte sich auch auch einer von den sechs anderen ins Wasser, bis es Zeit wurde, zum Mittagessen ins Hotel zurückzukehren. Ich machte mich vor den anderen auf den Rückweg, denn die Strecke übers Meer war relativ lang. Außerdem herrschte hoher Wellengang, der mir das Schwimmen erschwerte. Wie immer blieb ich in Küstennähe, betrachtete den prächtigen Pinienhain, in dem sich Scharen von Menschen tummelten, wich kleineren Booten aus und sinnierte vor mich hin. Als ich in die Nähe des Hotels kam, beobachtete ich interessiert, wie sich Burschen auf der Rutschbahn, die von einer Badeanstalt ins Meer ging, tummelten. Wahrscheinlich waren ein paar

junge Mädchen in der Nähe, denen sie imponieren wollten. Einer nach dem anderen rutschte nicht wie vorgesehen die lange Bahn hinunter, sondern sprang mit einem Hechtsprung in hohem Bogen auf die Rutschbahn mit dem Bauch voran und rutschte so ins Wasser. Die Burschen wurden immer waghalsiger, die Sprünge immer gewagter, rundherum versammelte sich eine neugierige Menge, das Gelächter hörte man schon von Weitem und die Zuschauer brachen immer wieder in Bravo-Rufe aus. Je mehr Beifall den kühnen Springern gezollt wurde, umso mutiger wurden sie. Es war beinahe schon akrobatisch, wie die Jungen durch die Luft auf die Rutschbahn flogen.
Ich war schon ziemlich nah und schwamm eine große Kurve, um in der Badeanstalt an Land zu gehen, als ich einen jungen Burschen beobachtete, der mit einem gewaltigen Schwung hoch durch die Luft wirbelte und mit einem Klatsch auf dem unteren Teil der Rutschbahn auftraf und von dort mit dem Kopf voran ins Wasser rutschte. Dann sah man nichts mehr. Ich wartete, dass er irgendwo in der Nähe auftauchen würde, aber nichts geschah. Der junge Mann blieb verschwunden. Ich war wie erstarrt. Ich sah, wie andere ins Wasser sprangen und nach dem Burschen tauchten. Nach einer Weile zog man ihn leblos ans Ufer. Man schleppte ihn auf die Wiese und legte ihn ins Gras. Sofort bildete sich eine große Menschenmenge um ihn, sodass ich die weiteren Geschehnisse nicht mehr beobachten

In Jugoslawien erwartete uns Schreckliches

konnte. Ich stieg aus dem Meer und traf die anderen, die zu Fuß zum Hotel gegangen waren. Ich erzählte ihnen kurz, was sich zugetragen hatte, dachte jedoch nicht, dass sich der Bursche ernsthaft verletzt haben könnte.

Nach unserem Nachmittagsschlaf beschlossen wir, wieder zum Strand zu gehen. Schon von Weitem sah man überall Menschen, die heftig miteinander debattierten. Da einige Deutsch sprachen, erkundigten wir uns nach dem Grund der Aufregung. So erfuhren wir, dass der junge Mann, dessen Unfall ich gesehen hatte, gestorben war. Er hatte sich bei dem Sprung auf die Rutschbahn das Genick gebrochen. Mein Gefühl der Erschütterung kann ich nicht beschreiben. Zu allem Überfluss hatte man den Leichnam in den Pinienhain gelegt, da auch nach stundenlangem Warten weder der Rettungs- noch der Leichenwagen eingetroffen waren. Der Tote war notdürftig durch ein weißes Tuch abgedeckt, die nackten fliegenbedeckten Füße standen heraus. Neben ihm saß als Wache ein Polizist, der sein Kofferradio dabeihatte, aus dem in volle Lautstärke kroatische Schlager tönten. Wie lang man den armen Kerl noch in der Sonne liegen ließ, weiß ich nicht mehr. Aber als wir am Abend vom Strand zurückgingen, sahen wir immer noch das weiße Leichentuch. Es war eine Situation wie aus einem Gruselfilm, aber leider traurige Wirklichkeit. Unser Urlaub hatte alle Fröhlichkeit und Leichtigkeit verloren, sodass wir froh waren, als es heimwärts ging.

ns USA

Die 10 Abenteuer wollten wir in Disney-World erleben: Fahrten mit einer Seilbahn, Seeräuberjagd und Nervenkitzel, alles, was im Land der Comicfiguren Donald Duck und Mickey Mouse angeboten wird. Außerhalb von Disney World wollten wir eigentlich einen unspektakulären Urlaub verbringen. Unverhofft kommt oft; bei uns, wie sich herausstellen sollte, fast immer.
Wir, das waren wieder unsere Freunde Martha und Toni und Stefan und ich. Im Jahr 1979 machten wir uns auf, um fünf Wochen quer durch die USA bis nach Mexico zu reisen, teils mit dem Flugzeug, teils mit Leihautos und schließlich auch mit dem Greyhound. Da wir auch damals noch jede müde Mark zweimal umdrehen mussten – wir bauten gerade unser Haus – hatten wir herausgefunden, dass es ein günstiges Angebot für Flugreisen in den USA gab: 365 Städte in 21 Tagen. So etwas verlockte. Es gab allerdings die Einschränkung, dass wir nur in eine Richtung fliegen durften, also bei-

Glück gehabt!

spielsweise von New York nach San Francisco oder von Boston nach Mexico City, aber keinesfalls retour. Die Qual der Wahl war groß. Wir wollten möglichst viel vom Land der unbegrenzten Möglichkeiten erkunden. Wochenlang diskutierten wir, wie die Reiseroute geplant werden sollte und schließlich kamen wir zu dem Schluss, dass wir von New York aus einen Flug über Buffalo nach Salt Lake City nehmen wollten, um dort einen Leihwagen zu buchen, mit dem wir vorhatten quer durch die Staaten nach San Francisco zu fahren. Eine spannende Reise stand uns bevor.

Gut gelaunt stiegen wir in München in die Maschine, die uns über Düsseldorf und Dublin nach New York bringen sollte. Kaum hatte sich das Flugzeug in die Luft erhoben, merkten wir, was Billigflug bedeutete. Die Sitze waren so eng aneinandergereiht, dass man sich kaum einen Millimeter bewegen konnte. Zusammengepfercht verbrachten wir die nächsten zwölf Stunden.

Als wir völlig gerädert amerikanischen Boden betraten, war es weit nach Mitternacht. Wir schleppten uns zu den Kontrollbehörden und hofften, dass das Mühsal jetzt ein Ende haben würde. Wie sollten wir uns täuschen. Auch damals wieherte der Amtsschimmel in den USA laut, die Vertreter der Pass- und Zollbehörden kontrollierten uns ausdauernd und intensiv, sie durchsuchten uns misstrauisch, befragten uns, ob wir Sprengstoffe bei uns trügen und ob wir Angehörige der kommunistischen Partei

Die »Ten-Adventures« in den USA

wären. Ich wundere mich noch heute darüber, dass wir anscheinend derart verdächtig ausgesehen hatten, dass so eine hochnotpeinlichen Befragung notwendig war. Nachdem die Amerikaner zu der Erkenntnis gekommen waren, dass wir doch nur harmlose Reisende waren, erklärte man die Formalitäten für erledigt und wir konnten endlich hundemüde in ein Taxi steigen, das uns zum gebuchten Holiday-Inn-Hotel brachte. Da wir – wie schon erwähnt – knapp bei Kasse waren und fünf Wochen USA-Aufenthalt ein gewaltiges Loch in unser Budget reißen würde, hatten wir mit unseren Freunden vereinbart, in den teuren Hotels gemeinsam ein Zimmer zu nehmen, da fast alle Zimmer in den USA über Kingsize Betten verfügten, in denen wir zu viert leicht Platz finden würden.
Halb schlafend erreichten wir das Hotel in Manhattan gegen drei Uhr in der Nacht. Natürlich waren auch hier Anmeldeformalitäten zu erledigen. Während Stefan und Toni sich um den Papierkram kümmerten, gingen Martha und ich schon zum Lift, den Zimmerschlüssel in der Hand. Wir warteten lange, bis der Lift kam und als sich die Tür öffnete, stiegen wir ein und suchten den Knopf für das Stockwerk, auf dem sich unser Zimmer befand. Die Tür wollte sich schon schließen, als sich plötzlich noch zwei Männer hereinzwängten, die wir weder in der Lobby noch in den Gängen gesehen hatten. Es waren zwei düstere Gestalten, die uns interessiert musterten. Ich hielt krampfhaft den Schlüssel um-

Glück gehabt!

fasst, auf dem unsere Zimmernummer deutlich sichtbar war. Und das war es, was die beiden wollten, sie spionierten aus, wo wir logieren würden. Daher konnten wir, ohne irgendwie belästigt zu werden, aussteigen, während die beiden zum Schein weiterfuhren.

Als unsere Männer kamen, fielen wir zu Tode erschöpft in unsere Betten. Wir waren kaum eingeschlafen, als es an der Tür heftig klopfte. Völlig schlaftrunken sprang Stefan auf und wollte zur Tür laufen, um zu öffnen. Er hatte schon fast die Tür erreicht, als Toni rief: „Stefan, nicht!" Mein Mann taumelte zurück. Da klopfte es noch einmal, diesmal heftiger. Wir rührten uns nicht. Dann hörten wir, wie jemand versuchte, unsere Tür gewaltsam aufzubrechen. Wir waren wie gelähmt und saßen mit weit aufgerissenen Augen in unseren Betten. Keiner war in der Lage, auch nur einen vernünftigen Gedanken zu fassen. Alles, was wir hätten tun müssen, wäre zum Telefon zu greifen gewesen, das neben jedem Bett stand. Doch in einer Extremsituation ist es einem meist nicht möglich, das zu tun, was einem der Verstand sagt. Die beiden dubiosen Männer – und die waren es sicher – hatten aber nicht mit meiner Genauigkeit gerechnet. Ich hatte an der Türe alle Hinweise genau gelesen und erfahren, dass man nicht nur eine Kette und den Riegel vorschieben sollte, sondern zusätzlich noch einen Eisenbügel. Daher war es den Einbrechern nicht möglich, nachdem sie die Tür einen Spalt geöffnet

hatten, auch mit einem Brecheisen und anderen Werkzeugen die Tür aufzusprengen.
Am nächsten Morgen meldeten wir den Vorfall, aber der Angestellte in der Rezeption schüttelte nur den Kopf und fragte verwundert, warum wir nicht in der Nacht angerufen hätten. Jetzt wären die Einbrecher schon über alle Berge. Wir konnten uns nicht einmal wehren, denn er hatte ja recht.

Nach einigen Tagen in New York, in denen die einzige Aufregung darin bestand, dass Toni auf einem Sims in der Nähe des World Trade Centers seinen Fotoapparat liegen gelassen hatte und ihn wie durch ein Wunder nach einigen Stunden dort friedlich liegend wiederfand, verließen wir die Metropole, um uns die Niagarafälle anzuschauen. Da wir annahmen, dass uns in Buffalo jedes Kind den Weg zu den Fällen zeigen konnte, nahmen wir keine Karte mit, sondern fuhren aufs Geratewohl los. Als nach einigen Kilometern von den Fällen keine Spur war, blieben wir stehen und fragten einen Mann, der des Weges kam: »Where are the Niagarafalls?« wobei wir »Niagara« so aussprachen, wie wir dies im Deutschen taten. Der Mann sah uns erstaunt an und meinte kopfschüttelnd: »I never heard that!« Na, wir hatten anscheinend einen Fremden befragt. Nach einem weiteren Kilometer hielten wir wieder an und wiederholten unsere Frage. Aber auch dieser Mann antwortete: »What? I never heard that!« Und dabei hörten wir die Fälle schon fast rauschen. Erst der

Glück gehabt!

Dritte, den wir um Auskunft baten, löste das Rätsel: »Oh, you mean Neiägärä-Falls!«
Fremdsprachen sollte man eben können, wie unser Freund Heinz Recla, ein Weltreisender, immer betont. Er selber kommt allerdings mit seinem Steirisch um die ganze Welt.
Nachdem wir in der Stadt der Mormonen, in Salt Lake City, einen schönen komfortablen Buick mit Klimaanlage gemietet hatten, der nur 10.000 Meilen am Buckel hatte, fühlten wir uns in unserer Luxuskarosse wie Hollywoodstars. Die Fahrt Richtung Mesa Verde, wo wir die Pueblo-Indianerbauten besichtigen wollten, war angenehm und entspannend und da es wenig Verkehr gab, genossen wir die karge, ungewohnte Landschaft, die an uns vorbeizog. Solange, bis unser Straßenkreuzer zu tuckern anfing, immer langsamer wurde, bis er einen letzten Seufzer von sich gab und sich nicht mehr rührte. Uns blieb fast das Herz stehen, denn weder Stefan noch Toni waren als große Techniker oder Mechaniker bekannt, sodass wir ratlos um das Auto herumstanden. Glücklicherweise blieb schon der erste Autofahrer, der des Weges kam, stehen, stieg aus, fragte: »May I help you?« und schleppte uns schließlich bis zur nächsten Werkstatt, wo der Mechanikermeister lakonisch erklärte, dass der Computer, der in unserem Wagen eingebaut war, durch eine Fehlsteuerung automatisch den Verteiler ruiniere. Natürlich könne er das Auto reparieren, aber nicht unbedingt heute. Es blieb uns nichts an-

deres übrig, als die Reparatur abzuwarten, dann ging es weiter an den Lake Powell, einen eindrucksvollen riesengroßen See, der durch das Aufstauen des Colorado entstanden war.

Die Rundfahrt auf dem See war etwas ganz Besonderes, denn wir kamen in die Nebentäler, in denen sich ebenfalls das Wasser des Colorado zurückstaute, in Canyons von unvorstellbarer Einsamkeit, wobei die gleißende Sonne die Felsen in verschiedenen Farben tauchte. Nachdem wir noch kurz im See ein erfrischendes Bad genommen hatten, stiegen wir wieder in unser Luxusauto, da wir in dem damals kleinen Ort Page, der oberhalb des Canyons gelegen war, Quartier genommen hatten. Stefan fuhr zügig die steile Straße hinauf, als wir plötzlich nicht richtig zu hören glaubten. Wieder waren die Tuckergeräusche zu hören, mit denen unser Auto seinen Geist aushauchte, genau vor der letzten Bergkuppe. Ratlos standen wir um das Auto und fanden, dass es nur eine Möglichkeit gäbe, das Auto irgendwie in Gang zu bringen, nämlich indem wir im Rückwärtsgang die Straße hinunterfuhren. Ein äußerst riskantes Unterfangen. Toni setzte sich ans Steuer, löste die Handbremse und fuhr ein weites Stück rückwärts. Dann, als sich die Straße etwas verbreiterte, riss er das Steuer herum, der Wagen heulte auf, aber er stand – gedreht – in der richtigen Richtung. Wir rollten weiter ins Tal, zurück an das Ufer des Sees, wo wir wieder auf die Hilfe von Mechanikern angewiesen waren, die sich nicht er-

Glück gehabt!

klären konnten, warum wir aufs Neue eine Panne hatten. Noch war die Verleihfirma auch nicht bereit, uns ein anderes Auto zur Verfügung zu stellen, noch mussten wir in den sauren Apfel beißen und einem dritten äußerst unangenehmen Abenteuer entgegenfahren.
Der dritte Break unseres eleganten Hollywoodschlittens ereignete sich in der glühenden Hitze des Death-Valleys, das wir nach einem Abend, den wir in Las Vegas verbracht hatten, durchqueren wollten. Blauäugig wie wir Greenhörner waren, machten wir uns keine so richtige Vorstellung, was uns erwarten würde. Hätten wir nur den Namen des Tales ernst genommen, so hätten wir darüber nachdenken müssen, warum dieses Gebiet so benannt wurde. Wir hatten keine Ahnung von der fürchterlichen Hitze und Einöde, in der alles Leben erstirbt. Von den Touristen, die hier schon verdurstet sind, hatten wir nichts gehört. Wir hätten es ihnen fast gleichgetan, denn wir hatten weder etwas zu essen noch zu trinken mit, als wir in das Tal einfuhren. Später erfuhren wir von einem Ranger, dass nur Touristen so verrückt wären, im Juli das Death-Valley zu durchqueren. Kein Einheimischer käme auf diese absurde Idee.
Zunächst merkten wir wenig von der Hitze, denn die Klimaanlage verbreitete eine angenehme Kühle. Wir bewunderten den Golfplatz am tiefsten Punkt der Depression, bevor wir auf der anderen Seite des Tales in die Höhe fuhren. In der einzigen Ranger-

Station labten wir uns etwas, dann ging es weiter Richtung Ridgecrest. Wir waren erst wenige hundert Meter gefahren, als wir wieder die Tuckergeräusche unseres Autos vernahmen. Stefan drückte das Gaspedal durch, aber der Motor zeigte keine Reaktion, dafür das Thermometer plötzlich 54 Grad im Wageninneren. Das Auto machte noch drei Sätze, dann stand es wieder wie angewurzelt.

Wir hatten Glück im Unglück, denn die Rangerstation lag beinahe noch in Sichtweite, sodass wir noch zurückfahren konnten. Hier erfuhren wir, was alles hätte passieren können, wenn der Ausfall unseres Autos an einer anderer Stelle im Death-Valley passiert wäre. Wären wir aus dem Auto ausgestiegen und hätten längere Zeit in der extremen Hitze verbracht, hätten wir leicht verdursten können. Bei den mörderischen Temperaturen schwitzt man extrem, das Wasser auf der Haut verdunstet sofort, und man bemerkt den Flüssigkeitsverlust solange nicht, bis es zu spät ist.

Es dauerte geschlagene fünf Stunden, bis aus dem nächsten entlegenen Ort Ridgecrest ein Abschleppwagen kam, der unseren unglückseligen Kübel mitnahm und man sich endlich vonseiten der Autofirma dazu entschloss, uns einen neuen Wagen zur Verfügung zu stellen. In der Zwischenzeit ließen wir in der Rangerstation ununterbrochen das beinahe heiße Wasser, das in einem Schlauch aus dem Boden kam, über unseren Körper rinnen. Wir trafen in der Rangerstation tatsächlich keine Amerikaner,

Glück gehabt!

nur ein französisches Ehepaar, das eben auch – so wie wir – zu den einfältigen Europäern zählte, die im Juli durchs Tal des Todes reisen.

Hatten wir gehofft, dass unsere Abenteuer auf dem Weg nach Kalifornien endlich zu Ende wären, so hatten wir uns gründlich getäuscht. Das Schlimmste stand uns noch bevor: Am nächsten Tag fuhren wir mit dem neuen Auto auf den Tioga-Pass, der auf über 3.000 Metern liegt. Die Temperatur- und Höhenunterschiede zwischen dem heißen Death-Valley und den Sierra Nevada Mountains machten uns wenig zu schaffen und jung und dumm wie wir waren, verspürten wir alle vier plötzlich das Bedürfnis, in dem Bergsee, an dem wir auf circa 2.800 Metern vorbeifuhren, zu baden. Als wir uns ins Wasser stürzten, glaubten wir, uns träfe der Schlag. Das Wasser war sicherlich nicht wärmer als vier Grad, am anderen Ende des Sees sahen wir Schneezungen, die bis ins Wasser reichten. Dem Fischer, der geruhsam in seiner dicken Daunenjacke am Ufer saß, fiel fast die Angel aus der Hand, als er uns europäische Narren ins Wasser springen sah. Ich muss nicht beschreiben, dass wir keine fünf Züge geschwommen sind, da uns das Eiswasser alle Muskeln zusammenzog. Mit klappernden Zähnen stiegen wir aus den eisigen Fluten und wärmten uns im Auto auf.
Weiter ging unsere Fahrt über den Tioga-Pass, auf dem wir die mächtigen Bäume bewunderten, für die

der Pass berühmt ist. Wir machten kurze Rast, wobei wir uns immer etwas ängstlich umsahen, da es in dieser Gegend Bären geben sollte. Während unserer Pause studierten wir alle vier intensiv die Landkarte, in der eine breite Straße nach Kalifornien eingezeichnet war, daneben aber eine gelbe Route, die relativ kurz aussah. Toni meinte, wir sollten auf alle Fälle den »Abschneider«, wie er es bezeichnete, nehmen, da es in den USA ohnehin nur gute Straßen gäbe.

Frohgemut stiegen wir in unser Auto und Stefan setzte sich ans Steuer. Dann gings los bis zu einer Straßengabelung, bei der wir nach rechts abbogen, auf eine breite asphaltierte Straße, die allerdings relativ steil bergab ging. Nach einer Umkehrmöglichkeit wurde die Straße deutlich schmäler, verengte sich mehr und mehr, der Asphalt hörte auf, Steine und Geröll lagen am Weg, der immer enger wurde, sodass wir mit unserem breiten Wagen nicht mehr umdrehen konnten. Und plötzlich befanden wir uns auf einem Gebirgspfad, der schließlich nur noch so breit wie das Auto war. Links war eine Felswand und rechts der Abgrund. Dazu ging es so steil bergab, dass Stefan nur auf der Bremse stehen konnte. Martha, die hinten saß, verlor die Nerven, hämmerte mit den Fäusten auf ihren Toni ein und schrie: »Du bist schuld mit deinem blöden Abschneider, du bist schuld, wenn wir da hinunterfallen, wenn wir abstürzen!« Ich saß neben Stefan und blickte direkt in die Tiefe.

Glück gehabt!

Endlich kam eine Stelle, die etwas breiter war, sodass Toni aussteigen konnte, um den weiteren Weg auszukundschaften. Wir konnten nur vor-, aber keinesfalls zurückfahren. »Stefan, ich seh da unten einen gelben Strich«, lautete Tonis Aussage, worauf Stefan nur lakonisch meinte: „Toni, mach keine blöden Witze."
Gott sei Dank war der gelbe Strich kein Scherz, es war die Hauptstraße, die wir eigentlich hätten hinunterfahren sollen. Nachdem wir gefühlte drei Liter Angstschweiß vergossen hatten, erreichten wir sie doch. Als wir zurückblickten, sahen wir nur eine steile Felswand, die wir mit einem Buick bezwungen hatten. Nach dem überstanden Abenteuer sagte Toni zu seiner Martha: »Menscherl, mir hat's g'falln!«
Eigentlich hätte man uns mit dieser Fahrt ins Guiness-Buch der Rekorde eintragen müssen, denn kaum jemand wird jemals auf die Idee kommen, diesen »Abschneider« zu nehmen.
Im sonnigen Kalifornien angekommen, standen uns etwas ruhigere Tage bevor, obwohl ich in San Francisco kein allzu gutes Gefühl hatte. Mein geografisch und geologisch versierter Vater hatte uns vor der Abreise gewarnt, nach Kalifornien zu fahren, da für dieses Gebiet ein schweres Erdbeben vorhergesagt wurde, und wir logierten in einem Holiday-Inn-Hotel im 20. Stock. Wenn man das Zimmer betrat, hatte man ohnehin schon das Gefühl, als würde das ganze Gebäude leicht schwanken. Nach

drei Tagen stiegen wir ins Flugzeug nach New Orleans, ohne ein Erdbeben erlebt zu haben. Am nächsten Tag sahen wir die Zeitungsschlagzeile: »Earthquake in Frisco.« Gott sei Dank waren wir diesmal davongekommen.

Der zweite Teil der Reise, bei dem wir nicht nur Barbados, sondern auch Mexiko City besuchten, war gemütlich. Zumindest als wir herausfanden, wie man in Mexiko zu Hotelzimmern kommt. Grundsätzlich sind diese nämlich erst einmal ausgebucht. Erst wenn man bereit ist, etwas mehr Geld auf den Tresen zu legen, werden plötzlich welche frei.
Natürlich hatten wir auch hier keine Ahnung von den örtlichen Usancen, stiegen als Frauen mit unseren Männern in den nur für Männer reservierten Wagen der U-Bahn ein, wo wir uns dann kaum vor grabschenden Händen wehren konnten. Eine Mexikanerin, die uns am Bahnsteig gesehen hatte, klärte uns auf.
Wir hatten unsere Reiseroute so festgelegt, dass die Wünsche aller berücksichtigt wurden. Und da Toni unbedingt nach Disney World wollte, machten wir einen Stop in Orlando. Auch hier hatten wir einen Leihwagen, denn öffentliche Verkehrsmittel waren uns nicht ganz geheuer. Toni unterschrieb die Anmeldung, wir setzten uns in unser braunes Auto und fuhren früh am Vormittag in die Zauberwelt der Disneyfiguren. Der große Parkplatz war fast leer, sodass wir gemütlich die Stelle aussuchen konnten,

Glück gehabt!

wo wir unser Auto abstellten. Wir bestanden die »Ten-Adventures« mit Bravour, verbrachten viele Stunden zusammen mit einem Heer von Besuchern bei Mickey Mouse und Donald Duck, bis wir sahen, dass ein Gewitter aufzog. Wir setzten uns in die kleine Shuttle-Bahn und wollten zu unserem Parkplatz, immer dasselbe Bild. Verzweifelt fragten wir uns, wie wir unser Auto wiederfinden sollten, wenn wir nicht einmal wussten welche Marke unser Auto hatte, keiner hatte darauf geachtet, wir erinnerten uns auch nicht an die Nummer. Wir wussten nur, dass das Auto braun war.

In unserer Verzweiflung merkten wir nicht, wie das Gewitter immer näher gekommen war. Zu allem Übel ging jetzt auch noch ein sintflutartiger Tropenregen auf uns nieder, der die riesigen Parkplätze in kleine Seen verwandelte. Uns blieb nichts anderes übrig, als Runde um Runde zu fahren, in der Hoffnung, das Auto irgendwo zu erspähen. Unsere Situation schien aussichtslos zu sein, als sich Stefan plötzlich zu erinnern glaubte, dass er beim Weggehen ein »Goofy«-Schild gesehen hatte. Das musste unser Parkplatz gewesen sein. Als die Shuttlebahn wieder bei diesem Schild hielt, stiegen wir aus und wateten knietief im Wasser, Autos in allen Farben, natürlich auch in Braun, um uns herum. Noch immer konnten wir in dem Meer von Autos unseres nicht erkennen. Plötzlich rief Martha: »Da, da drüben ist es!« Und sie hatte tatsächlich recht. Der braune Wagen ließ sich mit

Die »Ten-Adventures« in den USA

unserem Schlüssel öffnen, sodass wir mit einem hörbaren Seufzer der Erleichterung einsteigen konnten. Wir hatten nicht nur unser Auto gefunden, wir waren auch um eine Lehre reicher: In Zukunft merkten wir uns nicht nur die Nummer und Type unseres Fahrzeugs, wir registrierten auch den Parkplatz ganz genau.

Unsere Abenteuer in den USA waren aber immer noch nicht zu Ende, schließlich sollten es tatsächlich »Ten Adventures« werden. Über Washington gelangten wir nach Philadelphia, von wo aus wir Freunde von Martha und Toni in Ocean City besuchen wollten. Gastfreundlich wie die Bowens waren, wurden wir zwei Fremden auch herzlich begrüßt und eingeladen, bei der Familie in ihrem Haus an der Atlantikküste zu wohnen. Es waren nette Tage, die wir mit Hank und seiner Familie verbrachten, Stefan hatte die Möglichkeit, mit Fischern auf die See hinauszufahren und wir genossen ein paar ruhige Stunden am rauschenden Meer. Als Dankeschön beschlossen wir, die Bowens je einen Abend zum Essen einzuladen. Gerne nahmen sie die Einladung an, Toni bat sie, ein nettes Lokal auszusuchen und wir verbrachten einen gemütlichen Abend mit den beiden Bowens – die vier halbwüchsigen Kinder waren daheimgeblieben. Toni zahlte mit Reisechecks und wir hatten die Absicht mit unserer letzten Barschaft das nächste Abendessen zu finanzieren. So wie am vorigen Abend warfen sich die Bowens in Schale, aber auch die vier Kinder machten sich fein, um an dem gemeinsamen Essen teilzunehmen. Stefan und ich registrierten dies mit absolut gemischten Gefühlen, denn wir ahnten, dass es kein billiger Abend werden würde. Aber sollte das Bargeld nicht reichen, so hatten wir immer noch unsere Diners-Karte als Retter in der Not.

Das Restaurant, das die Bowens ausgesucht hatten, war sicherlich eines der besten der Stadt, das Essen war vorzüglich und heimlich schielten Stefan und ich auf die Speisekarte, weil wir uns ausrechnen wollten, was wir bezahlen würden. Als alle fertig gegessen und getrunken hatten, stand Stefan diskret auf, um den Ober nach der Rechnung zu fragen und abseits von uns zu zahlen. Ich sah nur von weitem, wie Stefan die Farbe aus dem Gesicht wich. Irgendetwas war passiert, denn so hoch konnte die Rechnung gar nicht sein. Stefan winkte mich herbei und flüsterte mir zu: »Sie nehmen keine Diners-Card, da es hier vor Kurzem einen großen Betrug mit Diners Karten gab.« Jetzt wurde auch ich weiß im Gesicht. Wir konnten nicht zahlen.

Martha und Toni waren in der Zwischenzeit auf uns aufmerksam geworden. Toni stand auf und kam zu uns her. Aber er hatte auch kein Bargeld mehr und wie wir eine Diners-Card. Die letzte Rettung war Martha. Sie durchwühlte ihre Handtasche und – das Glück hatte uns auch diesmal nicht ganz verlassen – fand noch ein paar Reiseschecks, gerade so viel, dass wir die Zeche bezahlen konnten. Da die Bowens nicht sehen sollten, was sich hinter ihrem Rücken abspielte, ging Martha mit Stefan auf die Toilette, wo sie die Schecks unterschrieb, die der Kellner akzeptiert hatte. Wir waren gerettet. Natürlich wäre sicherlich auch Hank eingesprungen, aber dies wäre für uns unendlich peinlich gewesen.

Mit einem Greyhound, für den wir in weiser Voraussicht die Fahrkarten schon in der Tasche hatten, fuhren wir am nächsten Tag nach New York, direkt zum Flughafen JFK. Dort angekommen lud Stefan uns drei auf eine echt bayerische Brezel ein, die er für die allerletzten Dollar, die wir zu viert besaßen, gekauft hatte. Für das Bier dazu hatten wir kein Geld mehr.

Unser Dschungelabenteuer begann in einer Faschingsnacht

. . . im Tennisklub in Großgmain. Wie so oft im Februar veranstaltete unser Tennisklub einen Faschingsball, bei dem die originellsten Masken prämiert werden sollten. Stefan und ich sind beileibe keine Faschingsmuffel, aber im vorgerückten Alter ist ein Kostümfest nicht mehr so attraktiv, denn die Wahl der Kostüme ist etwas eingeschränkt. Trotzdem verkleideten wir uns, Stefan als Kapitän und ich als Schulmädchen mit kleinen Zöpfchen, die mit Maschen versehen waren, einem Matrosenkragen über einer züchtigen weißen Bluse, einem kurzen Röckchen und der alten Schultasche unserer Tochter am Rücken. Ich war mir schon im Vorfeld bewusst, dass mein Kostüm einiges an Aufmerksamkeit erregen würde. Und wie erhofft erntete ich viel Anerkennung und erhielt bei der Maskenprämierung den zweiten Preis.

Wir verbrachten einen lustigen Abend, an dem wir nicht nur tanzten, sondern uns auch gut mit unserem neu kennengelernten Tischnachbarn unterhielten. Wie das eben so ist plaudert man von Gott und der Welt und schließlich kam das Thema auch auf unsere Reisen. Dabei bemerkten wir, dass der Unbekannte plötzlich sehr aufmerksam zuhörte und uns ausfragte, welche Reisen wir in nächster Zeit beabsichtigen zu machen. Wir hatten längst beschlossen, nach Südostasien zu fahren. Zuerst nach Thailand, wo wir ausschließlich Bangkok besichtigen wollen, anschließend über Hongkong nach Singapur und dann für zehn Tage nach Bali. »Eine interessante Reise«, meinte unser Tischnachbar, »aber warum wollen Sie nur nach Bangkok? Warum nicht auch nach Nordthailand, das ist eine hochinteressante Gegend.« Wir hatten eigentlich an diesen Teil des Landes gar nicht gedacht. In den Pauschalreisen, von denen wir eine buchen wollten, wurde er nicht angeboten. Als unser neuer Bekannter diese Argumente anhörte, meinte er, man könnte diese Landesteile individuell bereisen, ohne große Mehrkosten. Zu unserem Erstaunen stellte sich heraus, dass er der Chef eines großen Salzburger Reisebüros war. Er bot uns an, uns eine individuelle Reise zusammenzustellen, bei der wir nicht nur zu zweit die Länder erkunden würden, sondern auch mit jeweiligen ortskundigen Führern. Sein Programm umfasste neben den bekannten Sehenswürdigkeiten auch besondere Highlights, die man nicht versäumen sollte, wie eine Fahrt auf den Klongs in Bangkok, Kaffeetrinken im berühmten Oriental, Five o'clock tea im Peninsula in Hongkong sowie

Unser Dschungelabenteuer begann in einer Faschingsnacht

Cocktails an der Long Bar des Raffles Hotels in Singapur. Dazu kam, dass er uns besondere Konditionen in den einzelnen Hotels ermöglichte, da sowohl in Bangkok als auch in Singapur und auf Bali Bekannte oder Verwandte von ihm Hotelchefs waren.
Stefan und ich waren von seinen Vorschlägen begeistert und vor allem auch von der Tatsache, dass die Reise, die auch ein umfangreiches Programm in Nordthailand umfasste, nicht teurer war als die Pauschalreisen.

Die Anreise klappte wie am Schnürchen und in Bangkok erwartete uns ein Taxifahrer, der uns nach einer schier endlosen Fahrt in unser Hotel brachte, das nur etwa fünf Kilometer vom Flughafen entfernt war. Die Staus auf den bis zu zehn Spuren breiten Straßen, in denen es kein Weiterkommen gab, ließen uns staunen. Schließlich erreichten wir doch unsere Logis, von wo aus wir die Stadt mit einer Fremdenführerin erkunden wollten. Alles verlief bestens, auch die Überquerung der breiten Straßen. Wir wussten anfangs nicht, dass man hier nicht von einer Straßenseite auf die andere gehen konnte, sondern dass es ab und zu Überführungen gab. Eine Thailänderin nahm mich an der Hand, als sie sah, dass wir die Straße direkt überqueren wollten und führte uns durch das Autochaos auf die andere Seite, wobei sie auf die Überführungen deutete.
Nachdem wir drei Tage in Bangkok verbracht hat-

ten, sollten wir am nächsten Tag in aller Herrgottsfrühe zum Flughafen gebracht werden, von wo aus wir nach Chiang Mai und von dort weiter nach Chiang Rai fliegen sollten. Da die Hitze und Schwüle in Bangkok beinahe unerträglich waren, hatte ich ständig nasses Haar, das ich mir am Vorabend waschen wollte. Ich setzte mich unter die Föhn-haube in unserem Zimmer, um mir die Haare zu trocknen, als ich plötzlich das Gefühl hatte, ohnmächtig zu werden. Sofort schaltete ich die Haube aus und bekam schon keine Luft mehr. Im nächsten Augenblick verlor ich das Bewusstsein. Als ich wieder zu mir kam, sah ich Stefans entsetztes Gesicht vor mir, denn weder er noch ich wussten, was eigentlich geschehen war. Mir ging es aber nicht besser und mir wurde immer wieder schwarz vor Augen. Erst nach einem Tonic, das mir mein Mann eingeflößt hatte, erholte ich mich einigermaßen. Stefan erinnerten sich, dass ich vor Jahren in Italien eine Kohlenmonoxidvergiftung gehabt hatte und führte meine Kreislaufschwäche darauf zurück, dass durch die Klimaanlage der Smog von draußen hereingezogen wird, der mit Kohlenmonoxid angereichert ist. Stefan meinte, dass ich nur so weit am nächsten Morgen in der Lage sein musste, dass ich das Hotel und die Stadt verlassen kann, denn in der Luft in Nordthailand würde alles anders sein.

Durch etliche Tonics war ich am nächsten Morgen tatsächlich fähig, das Taxi zum Flughafen zu besteigen und kaum hatten wir Chiang Mai erreicht, war ich wieder vollkommen hergestellt. Wir konnten die interessante Tour, die uns an den beeindruckenden Mekong führte, auf dem wir im Abendlicht in einem kleinen Kahn flussaufwärts beinahe bis an die burmesische Grenze fuhren, genießen. – Es war ein einmaliges Erlebnis. Auch die Übernachtung in der Lodge, die noch aus Kolonialzeiten stammte, war stimmungsvoll und romantisch. In der Nacht ging ein heftiges Gewitter nieder, das die eigentümlich mystische Atmosphäre noch verstärkte. Am nächsten Tag war das Wetter gut und das war wichtig für uns, denn wir hatten uns für einen Elefantenritt angemeldet, der nur bei gutem Wetter durchgeführt wurde. Wir fuhren gemeinsam mit neun weiteren Touristen mit einem Jeep bis an den Rand des Dschungels, wo die Elefanten und ihre Treiber schon auf uns warteten. Etwas mulmig zumute war uns schon, als wir die riesigen Tiere sahen, auf denen wir die nächsten Stunden reiten sollten. Zum Aufsitzen sollten wir eine Art Hochsitz erklettern, von wo aus wir den Dickhäuter bestiegen und uns auf ein Brett in der Mitte des Rückens setzten. Eine davor gespannte Kette sollte uns vor dem Abstürzen schützen.

Es dauerte einige Zeit, bis alle Reiseteilnehmer ihre Elefanten bestiegen hatten, dann setzten sich die riesigen Tiere langsam in Bewegung, wobei sie in dem vom Regen aufgeweichten Pfad bei jedem Schritt ihrer plumpen Füße leicht schwankten – kein angenehmer Anblick und auch kein unbedingt

Glück gehabt!

sicheres Gefühl. Unser Elefant war der letzte in der kleinen Prozession. Er schien etwas müde zu sein und trabte unwillig vor sich hin. Der Mahout, der Treiber, hatte am Rüssel einen Platz gefunden. Immer wieder stach er das arme Tier mit einem spitzen Stock. Ich konnte gar nicht hinschauen und wir versuchten durch Gesten den Treiber von seinem sadistischen Tun abzuhalten. Dieser ließ sich nicht beirren und quälte das arme Tier weiter. Plötzlich gab der Anführer der Treiber ein Zeichen und die Kolonne blieb stehen, auch unser Elefant. Es wurde eine Fotopause angeordnet und alle reichten ihre Apparate dem jeweilen Treiber, der zu Fuß etwas vorausging, um den Elefantenritt auf Film zu bannen. Kaum aber hatte der Schikaneur unseren Elefanten verlassen, kaum fühlte er sich befreit, fing er zu laufen an. An den anderen Elefanten und Treibern vorbei direkt hinein in den Dschungel. So sehr sich die Treiber bemühten, keiner konnte das sich nach Freiheit sehnende Tier aufhalten.

Wir saßen wie gelähmt auf dem rasenden Tier und versuchten krampfhaft, nicht herunterzufallen. Immer wieder mussten wir die Köpfe einziehen, wenn der riesige Koloss allzu nahe an den Bäumen vorbeilief. Wir hatten keine Möglichkeit, diesem Abenteuer zu entkommen, wir konnten nur hoffen, dass sich der Elefant doch besinnen und irgendwo wieder zivilisierte Gegenden aufsuchen würde. Es erschien uns eine Ewigkeit, die wir auf dem Rücken des

Dickhäuters durch den Dschungel ritten. Weit und breit war kein menschliches Wesen in Sicht – nur dichter Urwald um uns herum. Als wir einen kleinen Pfad entdeckten, schöpften wir Hoffnung, dass wir doch zu einer Behausung kommen würden, wo das Tier vielleicht stehen blieb. Und wir hatten mit unserer Vermutung recht, denn plötzlich tat sich der Dschungel auf und wir sahen in der Ferne ein Dorf. Schnurstracks lief der graue Riese auf die Ansammlung von Häusern zu, wobei wir uns flach auf das Brett legen mussten, da die elektrischen Leitungen so tief hingen, dass sie beinahe unsere Köpfe streiften. Festen Schrittes trabte der Elefant auf einen Hochsitz zu, mit Hilfe dessen seine Reiter sonst immer absteigen. Dort blieb er stehen und er und wir warteten. Wir konnten immer noch nicht absteigen, da wir nicht nahe genug an dem Plateau waren, auf das wir hätten steigen müssen.
Es dauerte einige Zeit, bis die anderen Elefanten aus unserer Kolonne hier eintrafen. Jetzt wurden wir endlich befreit und konnten wirklich aufatmen. Eines hatten wir schon während unseres Dschungelrittes beschlossen: Nie mehr auf einem Elefanten zu reiten – dieses Abenteuer hatte uns genügt!

PS: Es wäre interessant, ob sich der Elefant nach Jahren noch an die beiden Österreicher erinnern kann, die er durch den Dschungel geführt hatte ... bei seinem Elefantengedächtnis?

Ein Albtraum
auf der Trauminsel Bali

Denkt man an Bali, so stellt man sich Romantik pur vor: entzückende Tempeltänzerinnen, die sich zum Klang silberner Glöckchen in traumhafter Landschaft wiegen, Palmenhaine, strahlend weiße Strände, türkisblaues Meer. Verlockend für uns Europäer – eine fremde faszinierende Welt mit Ahnenkult und Totengaben, geheimnisvoll, wunderbar.
In der Realität sahen wir auf Bali wenig schöne Mädchen, dafür umso mehr Männer, die uns durch ihre brutalen Gesichter erschreckten. Diese waren Wanderarbeiter aus Java, die uns mit ihren Bauchläden überall auflauerten, bedrängten und beschimpften, wenn wir nicht die Absicht kundtaten, etwas von dem wertlosen Plunder, den sie feilboten, zu kaufen.
Erwartungsvoll waren wir nach Bali geflogen, wo wir – so wie es in den Prospekten angekündigt war – einen zehntägigen Traumurlaub verbringen wollten. Als Domizil hatten wir ein Bungalowdorf direkt am

Glück gehabt!

Meer ausgewählt, gelegen in einem Palmenhain, dazwischen kleine Teiche mit Lotusblüten. Wahrhaft paradiesisch!

Als unser Flugzeug, von Hongkong kommend, relativ spät am Abend in Denpasar landete, trabten wir müde zur Zollkontrolle. Die Beamten dort nahmen ihre Aufgabe sehr ernst und durchsuchten unser Gepäck bis zum letzten Taschentuch und wollten bei jedem Stück wissen, wofür wir es benötigen würden. Natürlich hatten wir auch warme Sachen eingepackt, denn in Nordthailand war es frisch gewesen, sodass wir unsere Pullover gut hatten brauchen können. Auf Bali schienen diese Kleidungsstücke nicht nur überflüssig, sie machten uns in den Augen der Zöllner geradezu verdächtig. Wer verbringt schon einen Urlaub auf einer tropischen Insel und hat dicke Jacken im Gepäck? Also wurden wir weiter durchsucht: zunächst mein Schminktäschchen und dann die Toilettentasche. Hier schienen die Zöllner fündig zu werden, denn sie entdeckten, in kleine Beutel abgepackt, ein weißes Pulver – Magnosolv –, das ich wegen eines Magnesiummangels einnehmen sollte. Im Bruchteil von Sekunden waren wir von harmlosen Touristen zu Drogenschmugglern mutiert und in eine Situation geraten, die in Indonesien äußerst unangenehm werden konnte. Auf Drogenschmuggel stehen hier hohe Strafen. Aufgrund der Sprachschwierigkeiten – die Zöllner sprachen ein für uns kaum verständliches Englisch – dauerte es verhältnismäßig lange, bis ich

Ein Albtraum auf der Trauminsel Bali

die Sache aufklären konnte. Nachdem sie das Pulver probiert hatten und ihnen der Text, der auf den Beuteln stand, übersetzt wurde, ließen sie schließlich von uns ab.

Wir waren durch dieses unangenehme Erlebnis wie vor den Kopf gestoßen. Wer kommt als harmloser Reisender auf die Idee, dass man verdächtigt werden könnte, als Drogenkurier zu fungieren? Anscheinend wirken Stefan und ich aber auf Drogenfahnder wie Drogenschmuggler, da wir in London Jahre später ebenfalls auf Drogen untersucht wurden, als wir in der englischen Hauptstadt auf unserem Weg in die Südsee zwischenlandeten. Als Einzige wurden wir aus unserer Reisegruppe vom britischen Zoll herausgeholt, worauf man unser Gepäck peinlichst genau durchsuchte, vor allem die beiden Toilettentaschen. Währenddessen fragt der britische Beamte mich immer wieder: »Do you have drugs? Do you have drugs?« Anfangs konnte ich mir auf seine Fragen keinen Reim machen, aber allmählich kam ich dahinter, dass er uns verdächtigte, von Frankfurt Drogen nach England geschmuggelt zu haben.

Als wir nach dem höchst unerfreulichen Aufenthalt auf dem Flughafen endlich von Denpasar zu unserem Bungalow gebracht wurden, waren wir mit unserem Schicksal versöhnt. Die Anlage, in der wir nun zehn Tage verbringen würden, war tatsächlich so, wie in den Prospekten beschrieben: wunderschön in die tropische Landschaft eingebettet, mit

Glück gehabt!

einer schattigen Palmenterrasse, von der man direkt ins Meer gehen konnte.

Wir hatten in Bali nur die Übernachtung in den Bungalows gebucht, da wir uns vorgenommen hatten, jeden Tag ein anderes Lokal aufzusuchen, um die Küche der Insel kennenzulernen. Es stellte sich bald heraus, dass wir unser Vorhaben nicht verwirklichen konnten, denn vor dem großen Tor, das die Anlage nach außen hin absperrte, lauerten Scharen von Händlern auf Kunden. Es war reines Glück, dass Stefan schon sehr bald ein Restaurant ausfindig machte, das man über einen Schleichweg erreichen konnte. Es war nur wenige hundert Meter entfernt und bot einen traumhaften Ausblick aufs Meer und wir mussten nur den Strand entlanggehen, um hinzukommen. Schon beim Frühstück waren wir hier Gäste. Wir aßen nicht nur vorzüglich, auch wurden wir vom Wirt jeden Tag mit Namen begrüßt. Ein schöner Platz direkt an der Mauer, von wo man einen herrlichen Blick auf das Meer mit den akrobatischen Wellenreitern hatte, war uns jeden Tag sicher. Der einzige Nachteil waren auch hier die Händler, die uns nicht nur den Strand entlang mit ihren gefälschten Uhren und den penetrant stinkenden Pseudoparfums verfolgten, sie hievten auch auf Stangen ihre Waren bis an die Terrasse des Restaurants hinauf, um sie so vorzuführen und uns zum Kauf zu verlocken. Tagelang blieben wir standhaft, auch einem Händler gegenüber, der Stefan immer die Worte nachrief: »Don't forget your friend Jerry!«

Und Stefan vergaß seinen Freud wirklich nicht und kaufte Jerry am letzten Tag unseres Aufenthaltes eine Uhr ab. Die Händler waren überall, selbst wenn wir in Badekleidung von unserer Terrasse ins Meer gingen, umringten sie uns, sodass wir uns ohne lange zu zögern in die hohen Wellen stürzen mussten, um den lästigen Verkäufern zu entgehen. Dies war, wie wir später von Einheimischen erfuhren, keineswegs ein harmloses Abenteuer. Die Unterströmungen an dieser Stelle des Strandes waren gefährlich und selbst gute Schwimmer wurden jedes Jahr aufs Meer hinausgezogen und verschwanden auf Nimmerwiedersehen. Wir dachten uns bei unserem Wellenspringen wenig, als leidenschaftliche Schwimmer hatten wir selbst noch ein Gefühl der Sicherheit, als uns Wellenreiter zuriefen: »Can I help you?« Wir wussten diese freundliche Geste zwar zu schätzen, konnten sie uns aber nicht erklären, da wir nicht den Anschein machten, zu ertrinken. Erst als wir selber glücklicherweise nur den Strand entlang von einer Strömung gezogen wurden, ohne dass es uns trotz großer Anstrengung möglich war, aus dem Wasser zu kommen, wurden wir vorsichtiger.

Wir verbrachten die meiste Zeit in unserer Anlage, denn für eine Besichtigung der Ortschaft brauchte man starke Nerven. Wenn man auch lange den Kaufangeboten der allgegenwärtigen Händlern widerstand, einmal wurde man doch schwach und wurde garantiert übers Ohr gehauen. Die Chanel-Nr. 5-Fälschung, die Stefan für mich um einen viel

Glück gehabt!

zu hohen Preis kaufte, erwies sich als irgendein nichtssagendes eher unangenehm riechendes Wasser, das ihm vom nächsten Händler um den Viertelpreis angeboten wurde. Da wir das Ganze vorerst nicht durchschauten, kauften wir auch unbrauchbare Dinge als Souvenirs. Mir ist es heute noch peinlich, dass wir lieben Menschen, denen wir eine Freude bereiten wollten, so einen Plunder mitbrachten.

Natürlich wollten wir auf Bali nicht nur einen Badeurlaub verbringen, sondern uns auch die Insel ansehen. Und da Stefan nicht unbedingt selber mit einem Leihauto fahren wollte, erkundigten wir uns nach einem Fahrer, der uns zu den Sehenswürdigkeiten der Insel, die wir in unserem Reiseführer ausgewählt hatten, bringen sollte. Alles klappte gut, das Auto war pünktlich zur Stelle und wir konnten losfahren. Wir waren sicher, es würde ein interessanter Tag werden. Die Gegend rund um uns war zauberhaft und die Menschen, die wir zu Gesicht bekamen, freundlich und friedlich. An Hunderten kleiner Tempeln führte unser Weg vorbei, wir begegneten Prozessionen von bunt gekleideten Balinesen, die ein Fest feierten, fuhren an den Reisterrassen entlang und waren begeistert von der traumhaft schönen Landschaft. So hatten wir uns die Insel vorgestellt. Da der Fahrer etwas Englisch sprach, machte er uns in seiner freundlichen Art auf sehenswerte Dinge aufmerksam und erklärte uns in einfachen Worten Wissenswertes. Es war eine schöne, nicht allzu heiße Fahrt, die schließlich auf dem großen Parkplatz, der sich vor der berühmten Besakih-Tempelanlage am Fuße des Mount Agung, des höchsten Berges der Insel, befindet, zunächst endete. Unser Fahrer hielt an und erklärte uns, dass er hier auf uns warten würde, bis wir die Tempel besichtigt hätten. Gleichzeitig erklärte er uns, dass wir den Eintritt zu den Tempeln schon mit der Fahrtpauschale gezahlt hätten, sodass wir keine Formalitäten mehr zu erledigen hätten. Wir machten einen Zeitpunkt aus, an dem er uns abholen sollte, und machten uns, begierig, die berühmten Tempel zu besichtigen, auf den Weg.

Schon bald stellten wir fest, dass dies leichter gesagt als getan war, denn das Tempelgelände war durch einen Schranken vom Parkplatz abgetrennt. Als wir ihn umgehen wollten, kam ein Balinese auf uns zu und erklärte uns auf Englisch, dass wir hier nicht einfach eintreten könnten, wir müssten eine »Donation« – eine Spende – geben, ansonsten dürften wir die Tempel nicht besichtigen. Wir erklärten ihm, dass wir den Eintritt schon bezahlt hätten und zeigten ihm den Beleg. Umsonst! Er zuckte nur die Schultern, tat als verstünde er kein Wort und versperrte uns den Weg, indem er immer nur: »Donation, Donation« murmelte. Wir blieben stehen und wussten zunächst nicht, was wir tun sollten. Der ungebetene Wächter verschwand kurz und kam mit einem Buch wieder, das beim Eingang einer Hütte lag. Er schlug das Buch auf, blätterte darin und zeigte auf die horrenden Beträge, die als

Glück gehabt!

Spende hier eingetragen waren: Fünfzig Dollar, siebzig Dollar . . . Uns gingen die Augen über. Unschlüssig, was wir tun sollten, meinte Stefan, dass wir vielleicht zwanzig Dollar geben sollten, viel zu viel nach meinem Gefühl. Denn wir waren uns sicher, einem Gauner in die Hände gefallen zu sein, der sich noch dazu als Tempelführer anbot. Nachdem wir uns schließlich auf zehn Dollar geeinigt hatten, konnten wir die Absperrung passieren und hofften, unbelästigt weiterzukommen. Dies war ein Fehler, denn der aufdringliche Mensch ließ sich nicht abschütteln, er rannte neben uns her, indem er auf Englisch alles Mögliche daherredete, und uns erklärte, dass er ein offizieller Führer wäre und wir ohne einen solchen die Tempel nicht betreten dürften. Von all dem hatten wir weder gehört noch gelesen. Obwohl Stefan ihm immer wieder zu verstehen gab, dass wir keinen Führer haben wollten, da wir selber genügend Wissenswertes über die Tempel gelesen und den Michelin-Reiseführer vor uns hatten, ließ sich der Kerl nicht abschütteln, im Gegenteil: Je schneller wir zu gehen versuchten, umso flinker lief er neben uns her. Auch mein Hinweis, dass wir sein balinesisches Englisch nicht verstünden, störte ihn nicht, er begann vielmehr in einzelnen deutschen Wörtern zu radebrechen.

Endlich hatte die lange Straße ein Ende und wir gelangten auf einen großen Platz. Hier hofften wir, auch andere Tempelbesucher zu sehen, denen wir

Ein Albtraum auf der Trauminsel Bali

uns anschließen wollten. Aber so weit das Auge reichte, war von Touristen kein Spur, nur einheimische Händler waren zu sehen. Entzückende kleine Mädchen kamen auf uns zu und überreichten uns je eine Lotusblume, die wir als nettes Geschenk ansahen. Natürlich hätten wir den Kindern etwas dafür gegeben, als aber der aufdringliche Balinese uns erklärte, wie viel wir den Mädchen zahlen sollten, gaben wir die Blüten empört zurück. Das Kind nahm die Blume, schaute mich feindselig aus pechschwarzen Augen an und spuckte mir vor die Füße. Von Bali-Romantik keine Spur.

Mit unserem ungebetenen Führer im Schlepptau gelangten wir schließlich bis zu den Tempeln und hier begann erst sein wahrer Terror, denn er versperrte uns den Weg und rief: »It's forbidden for strangers! Forbidden!« Wir konnten uns nicht helfen und gingen einfach zum nächsten Tempel weiter, ohne auf ihn zu hören, obwohl er immer lauter zu schreien begann, »It's not allowed, this is not allowed!« Das Schlimme war, dass weit und breit nach wie vor keine Touristen zu sehen waren, mit denen wir hätten weitergehen können. Wir waren diesem schrecklichen Menschen ausgeliefert, der nicht mehr von uns abließ und uns hartnäckig verfolgte. Schließlich setzten wir uns, frustriert und verärgert, auf die Stufen eines Tempels und hofften, dass er genug von der Verfolgungsjagd haben würde. Aber er redete weiter auf uns ein, obwohl Stefan und ich versuchten, uns miteinander über etwas ganz

Glück gehabt!

anderes zu unterhalten. Wir waren der Verzweiflung nahe. Das Schlimmste aber stand uns noch bevor: Endlich entschlossen wir uns, kehrt zu machen und zu unserem Auto zu gehen, ohne natürlich die schöne Anlage auch nur halbwegs gesehen zu haben. Als wir auf den großen Platz zurückkamen, um den rund herum Verkaufsbuden angeordnet waren, die von Einheimischen betrieben wurden, baute sich der lästige Typ vor uns auf und verlangte für die Führung durch die Tempelanlage fünfzig Dollar. Wir wussten nicht, wie uns geschah. Zuerst glaubten wir, uns verhört zu haben und bedeuteten ihm, dass wir ihn nicht engagiert hätten und dass er gegen unseren Willen uns belästigt hatte. Er schaute uns an, dann ließ er einen Blick in die Runde schweifen, wo einige düstere Typen standen, die unseren Disput aufmerksam verfolgten, so als wollte er uns warnen: entweder Geld oder Prügel durch seine Landsleute. Rund um uns standen aggressiv blickende Balinesen, die nur darauf warteten, ihrem Landsmann einen Dienst zu erweisen, indem sie uns zusammenschlugen. Niemand würde uns zu Hilfe kommen, denn außer uns schien an diesem Tag niemand die Tempel besichtigt zu haben. Uns blieb nichts anderes übrig, als zu zahlen. Als Stefan ihm eine Zwanzigdollarnote gab, nahm er das Geld und spuckte vor uns aus. Dann trollte er sich davon. Zitternd am ganzen Körper liefen wir die Ladenstraße entlang. In Schweiß gebadet erreichten wir unser Auto, wo wir dem Chauffeur unser Abenteuer erzählten. Der zuckte nur die Schultern und lächelte. Die Weiterfahrt verlief ohne Zwischenfälle, aber wir waren nicht mehr in der Lage, das, was wir zu sehen bekamen, wirklich zu genießen. Der Traum Bali hätte sich beinahe in einen Albtraum verwandelt.

Abenteuerliche Vortragsreise in Polen

Unverhofft kommt oft, könnte man sagen, wenn ich an die zahlreichen Einladungen zu Lesungen und Vorträge denke, die mich durch viele Länder geführt haben, obwohl ich eigentlich nicht besonders gerne öffentlich auftrete. Wenn ich aber dann auf dem Podium stehe und einen Blick in die dicht gedrängten Reihen der Zuschauer werfe, überkommt mich noch immer ein seltsames Gefühl – irgendetwas zwischen Vorfreude und Aufregung – und ich merke, dass ich doch gerne Schauspielerin geworden wäre.

Eines Tage läutete das Telefon, eine höfliche Dame aus Warschau meldete sich und fragte bei mir an, ob ich mir vorstellen könnte, zur Eröffnung der Habsburger Ausstellung in Warschau einen Vortrag über Kaiserin Elisabeth zu halten. Daneben wollte man mich nach Posen einladen, wo ich vor den Germanistikstudenten eine Lesung mit anschließender Diskussion halten sollte. Ich überlegte nicht lange und sagte zu. Sehr zum Ärger meiner Kinder,

Glück gehabt!

als sie erfuhren, dass mir vonseiten des Kulturinstituts nur eine Bahnfahrt erster Klasse mit Schlafwagen, aber kein Flug bezahlt wurde. Sowohl unser Sohn als auch unsere Tochter meinten, dass mindestens jeder zweite Reisende in polnischen Schlafwagen ausgeraubt werden würde.
Der Tag meiner Abreise rückte näher und ich hatte immer noch keine Anstalten getroffen, die Reise abzusagen. Eines Nachmittags läutete das Telefon. Guki, unsere Tochter, fiel gleich mit der Tür ins Haus und erklärte mir, sie hätte keine ruhige Minute, sollte ich tatsächlich mit dem Zug nach Posen fahren. Kaum hatte ich sie beruhigt, war ihr Bruder Niki am Telefon und meinte, er und seine Schwester verböten mir schlichtweg, nach Polen zu fahren – die Gefahr wäre einfach zu groß. Nachdem ich mir alle Argumente angehört hatte, antwortete ich ziemlich unwirsch: »Du und deine Schwester, ihr stellt mich hin wie eine Greisin, die allein zum Südpol aufbrechen will. Da ich in meinem Leben schon viele Reisen unternommen habe, weiß ich auch, was ich tun und lassen muss. Am nächsten Dienstag steige ich in diesen Zug und damit basta!«
Gesagt, getan. Da ich aber kein unvorsichtiger Mensch bin, habe ich dennoch Vorsichtsmaßnahmen getroffen. Ich bat meinen zukünftigen Schwiegersohn, der mich zum Zug bringen sollte, eine Fahrradkette mitzunehmen, die ich am Abteilschloss von innen montieren wollte. Wir waren rechtzeitig am Bahnhof, der Zug stand schon bereit und so

Abenteuerliche Vortragsreise in Polen

konnten wir gemeinsam ausprobieren, wie man die Fahrradkette am besten anbringen könnte. Es war eine etwas komplizierte Angelegenheit, denn an den Schlössern fanden sich wenig Möglichkeiten, wo man etwas einfädeln oder anhängen konnte. Schließlich klappte es und ich war in der Lage, die Kette zuzusperren.

Todmüde fiel ich, nachdem sich der Zug in Bewegung gesetzt hatte, auf das schmale Bett und freute mich auf ein bisschen Ruhe. Im Allgemeinen sind Lesereisen anstrengend, da es die Veranstalter gut mit den Vortragenden meinen, indem sie den Vortragenden vermeintlich unbekannte Städte zeigen wollen und sie in gute Restaurants führen, bevor die Signierstunden angesetzt sind. Alles in allem eine strapaziöse Angelegenheit.

Ich hatte kaum die Augen geschlossen, als es heftig an der Tür klopfte. Ich bat um etwas Geduld, denn das Abmontieren meiner Kette erforderte Zeit. Endlich öffnete sich das Schloss, worauf mich der Schaffner um den Pass bat, da die slowakische Grenze nicht mehr weit entfernt war. Ich gab ihm das gewünschte Dokument und glaubte, dass die Formalitäten damit erledigt sein würden und ich meine Kette wieder anbringen konnte. Es vergingen aber nur wenige Minuten bis zum nächsten Klopfen: Die slowakischen Zöllner standen vor meiner mühselig geöffneten Tür und fragten höflich, ob ich etwas zu verzollen hätte und da die Strecke von der slowakischen bis zur tschechischen Grenze relativ

Glück gehabt!

kurz war, erschienen schon bald wieder die slowakischen Beamten an der Grenze zu Tschechien – jedes Mal durch einige Minuten getrennt Pass- und Zollbeamte –, sodass ich ununterbrochen damit beschäftigt war, die Tür zu entriegeln, um sie nach wenigen Minuten wieder akribisch zu verriegeln. So ging es die halbe Nacht, denn nach den Slowaken kamen die Tschechen und dann nochmals die Tschechen an der polnischen Grenze und schließlich die Polen. An Schlaf war nicht zu denken, noch dazu, da der Schlafwagen so schlecht gefedert war, dass man das Gefühl hatte, von Kopf bis Fuß durchgeschüttelt zu werden. Daneben sperrte ich auf und wieder zu, auf, zu, auf, zu . . . Denn außer den Zöllnern kamen auch immer wieder Schaffner, die die Fahrkarten kontrollieren wollten.

Völlig gerädert kam ich um halb acht Uhr in der Früh in Warschau an, wo ich schon von der Dame des österreichischen Kulturforums abgeholt wurde. In liebenswürdiger Weise wurde ich zu einem guten Frühstück eingeladen, bevor wir zu einer Stadtrundfahrt aufbrachen. Ich konnte vor Müdigkeit kaum die Augen offen halten und sagte immer nur höflichkeitshalber: »Wie interessant, ah ja, originell, nein so etwas . . . «

Um elf Uhr wurde ich zum Bahnhof gebracht, wo der Zug nach Posen schon bereitstand. Ich saß komfortabel allein in einem Ersteklasseabteil. Völlig erschöpft lehnte ich in den Kissen und wusste, dass ich nicht mehr in der Lage sein würde, wach zu blei-

Abenteuerliche Vortragsreise in Polen

ben. Damit mir niemand mein Gepäck stehlen konnte, während ich schlief, nahm ich die universell einsetzbare Fahrradkette, wickelte sie um die Handgriffe meines Koffers und meiner Tasche und schlang sie schließlich um mein Handgelenk. Sollte jemand versuchen, mir meine Habe zu stehlen, müsste er mich mitsamt meinem Koffer und meiner Tasche aus dem Zug tragen. Kaum war ich mit meiner Vorsichtsmaßnahme fertig, als ich in tiefen Schlaf versank, aus dem ich erst kurz vor Posen aufwachte. Wie an meiner vorigen Station wurde ich auch hier sofort zu einer Stadtführung abgeholt. Anschließend lud man mich um vier Uhr Nachmittags zu einem üppigen Mittagessen ein, um sechs Uhr sollte schon mein Vortrag beginnen. Ich hatte gerade noch Zeit, mich nach dem Essen in dem Studentenheim, in dem ich untergebracht war, etwas frisch zu machen und umzuziehen. Überraschenderweise hatte man mir ein modernes Appartement zugewiesen, das man in dem alten, heruntergekommenen Plattenbau nicht vermutet hätte.

Der Vortrag mit der anschließenden Diskussion war sehr gelungen. Die jungen Polen waren nicht nur überaus höfliche Leute, sondern auch geschichtlich äußerst versiert und interessiert. Gegen halb neun war ich endlich fertig und konnte mich zusammen mit der Veranstalterin in einer Pizzeria bei einem Glas Wein etwas erholen.

Halbwegs ausgeruht nahm ich am nächsten Morgen mein Frühstück ein, das mir in mein Appartement

gebracht worden war. Es bestand aus reichlich Toastbrot, Butter, Käse und Kaffee in einem Pappbecher. Da ich am Morgen üblicherweise nicht viel esse, blieben mir noch vier Toastbrote und ein paar Scheiben Käse übrig. Ich wollte nicht alles zurückschicken, außerdem konnte man nie wissen, wie die Reise weiter verlaufen würde. Also bestrich ich die Brote mit etwas Butter, legte den Käse hinein und hatte so einen Reiseproviant.
Am späten Vormittag fuhr ich zurück nach Warschau, wo ich am Abend im königlichen Schloss meinen Vortrag über Kaiserin Elisabeth halten sollte. Der Freitag vor dem Palmsonntag, an dem ich in Warschau ankam, war ein nebeliger kalter Tag, wenig einladend für Fremde und wenig geeignet, die Schönheit der wieder aufgebauten Altstadt irgendwelchen Gästen zu zeigen. Aber die obligatorische Tour durch die Stadt musste sein und so fuhren wir durch den Regen während ununterbrochen das Handy der Veranstalterin läutete. Ich konnte nicht verstehen, was sie sprach, aber allmählich merkte ich, dass bei jedem Telefonat sich irgendjemand entschuldigte, dass er zu meinem Vortrag am Abend nicht kommen konnte. Frau M. wandte sich, nachdem das Gespräch beendet war, jedes Mal an mich und meinte: »Schade, der Herr Soundso hat gerade abgesagt, seine Frau ist krank geworden. Er ist sonst immer ein interessierter Besucher der Veranstaltungen des österreichischen Kulturinstituts.« Beim Nächsten hatte sich überra-

schenderweise die Schwiegermutter zum Besuch angesagt, bei einem anderen hatte das Auto eine Panne gehabt, beim Soundsovielten waren die Kinder krank geworden und schließlich schien es, als würde fast niemand mehr zu meinem Vortrag kommen. Von Anruf zu Anruf wurde ich deprimierter, denn allmählich begann ich zu befürchten, dass ich die polnische Reise umsonst auf mich genommen hatte. Meine Stimmung sank auf den Nullpunkt.

Sie besserte sich kaum, als wir bei dem prachtvoll wiederaufgebauten Schloss ankamen. Ich stellte mir bildlich vor, wie es sein würde, vor einem fast leeren Saal zu sprechen. Ich biss die Zähne zusammen und sagte mir: »Sigrid, da musst du durch. Wer A sagt, muss auch B sagen.« Als wir die Gänge des Schlosses betraten, kamen uns einige Leute entgegen, die allerdings nicht die Treppen emporstiegen, sondern dem Ausgang des Schlosses zustrebten. Wie schade, dachte ich mir, wenigstens wären das ein paar Zuhörer gewesen. Ich wurde in einen kleinen Raum gebracht, wo ich meine Sachen ordnen und mich noch etwas frisch machen konnte, um dann den Dolmetscher zu treffen, der den Vortrag konsekutiv, das heißt nicht direkt, sondern nach ein paar Sätzen, dem Publikum übersetzen sollte.

Es waren etwa zehn Minuten vergangen, als der Dolmetscher aufgeregt in mein Zimmer stürzte und mich bat, sofort mitzukommen, ich würde bereits erwartet. Als ich durch die Tür des königlichen Ball-

Glück gehabt!

saales trat, glaubte ich meinen Augen nicht trauen zu können. Der weite prachtvolle Saal, der von Hunderten Kerzen erleuchtet war, deren Licht sich in den geschliffenen Kristallspiegeln brach, war bis auf den letzten Platz gefüllt. Als die Zuhörer mich sahen, brachen sie in spontanen Applaus aus. Wie in Trance ging ich an mein Rednerpult und sprach über die Kaiserin von Österreich – wobei ich mir selber manchmal in dieser feenhaften Umgebung wie eine Kaiserin vorkam. Nie vorher und niemals nachher sollte ich in derlei phantastischen Räumlichkeiten einen Vortrag halten können. Das Publikum lauschte ungewöhnlich interessiert meinen Ausführungen, wobei ich erkennen konnte, wer von den Anwesenden die deutsche Sprache beherrschte, denn am Schmunzeln oder Lachen der Einzelnen konnte man sehen, dass sie mich schon verstanden hatten. – Nachdem ich noch zahlreiche Fragen beantwortet hatte, verließ ich geradezu beglückt das Schloss. Die Dame von Kulturforum, die mich begleitete, meinte, so etwas, was ich hier erlebt hatte, hatte auch sie in den kühnsten Träumen nicht erwartet. So viele Zuhörer hatte man bei derlei Veranstaltungen noch nie gesehen.

Wir gingen zum Auto und ich stellte mir vor, dass dieser so großartige Abend noch in irgendeinem polnischen Lokal ausklingen würde, aber man entschuldigte sich höflich, es war der letzte Arbeitstag vor den Osterferien und alle wollten nach Hause. Deshalb wurde ich beim Hotel abgesetzt, wo ein

Abenteuerliche Vortragsreise in Polen

Zimmer für mich reserviert war. Am nächsten Tag würde mich ein Taxi abholen und zum Bahnhof bringen. So fuhr ich mit meinem Gepäck in den sechsten Stock zu meinem Zimmer. Ich war müde und erschöpft von den physischen und psychischen Anspannungen, denen ich in der letzten Zeit ausgesetzt war. Ich setzte mich aufs Bett und überlegte, was ich tun sollte. Allein ins Restaurant wollte ich nicht gehen, aber hungrig war ich doch. Daher schaute ich in den Kühlschrank, der sich im Vorzimmer befand. Dort entdeckte ich außer einigen Fläschchen Mineralwasser nichts Brauchbares zum Essen. Da fielen mir die Käsebrote ein. Ich wickelte ein zusammengelegtes Brot aus und aß es mit großem Genuss. Wein wäre zum Käse sicherlich angenehmer gewesen, aber das Mineralwasser löschte auch den Durst. Nachdem ich ein Brot verzehrt hatte, hätte ich eigentlich das zweite auch noch verspeisen können. Ich entschloss mich aber, mich mit dem einen zufriedenzugeben und das zweite für die Reise aufzubewahren.

Diese Entscheidung sollte sich als höchst gescheit herausstellen, wie sich wenige Stunden später zeigen sollte. Denn der »Jan Sobieski«, der Zug, der mich zurück nach Wien bringen sollte, fuhr zwar pünktlich von Warschau ab, die Fahrt allerdings stand unter keinem guten Stern. Als wir nämlich an die polnisch-tschechische Grenze kamen, blieb der Zug aus ungeklärter Ursache länger als vorgesehen

Glück gehabt!

stehen. Nichts ging mehr. Die Türen, die nur elektrisch aufgingen, funktionierten nicht mehr, die Toiletten ließen sich nicht öffnen, der Speisewagen stellte seinen Betrieb ein und die Heizung fiel aus – etwas, was besonders unangenehm war, denn ich machte die Reise Ende März und es wurde in kurzer Zeit empfindlich kalt. Der Herr, der mit mir im Abteil saß und der etwas Englisch sprach, wollte sich bei den Schaffnern erkundigen, warum der Zug hier so lange Aufenthalt hatte, aber er bekam keine Antwort, da die tschechischen Bahnbeamten vorgaben, kein Polnisch zu verstehen. Alle Bahnbediensteten, die wir zu Gesicht bekamen, zuckten nur die Schultern, keiner fand es der Mühe wert, uns wenigstens kurz zu informieren, was das alles zu bedeuten hätte. So standen wir – eine Stunde, zwei, drei und niemand wusste, wann es weitergehen würde. Bei den meisten Zugreisenden machte sich mit der Zeit der Hunger breit. Nicht so bei mir. Ich hatte vorgesorgt, ich hatte noch mein Käsebrot. Gerne hätte ich dem freundlichen Abteilnachbarn die Hälfte abgetreten, aber ich wusste nicht, wie lange wir noch hier festsitzen würden, eventuell konnte der Zug auch die ganze Nacht hier stehen. Deshalb aß ich zunächst nur das halbe Brot, um für Notzeiten gerüstet zu sein.

Nach fünf Stunden setzte sich der Zug endlich wieder in Bewegung, ohne dass wir eine Erklärung oder gar Entschuldigung des Bahnpersonals bekommen hätten. Der Schaffner tat, als wäre nichts vor-

Abenteuerliche Vortragsreise in Polen

gefallen. Für mich war die Situation besonders schlimm, denn ich wusste, Stefan würde stundenlang am Ostbahnhof stehen und nicht wissen, was passiert war.

Da er zu dieser Zeit noch kein Handy besaß, versuchte ich Guki anzurufen, die ihrem Vater mitteilen sollte, dass ich mich verspäten würde. Aber ich hatte in Tschechien keinen Handyempfang. Erst in der Slowakei gelang mir die Verbindung zu unserer Tochter und da war Stefan schon längst losgefahren, um mich abzuholen. Er hatte dann tatsächlich fünf Stunden am Bahnhof gewartet, ohne irgendeine Informationen bezüglich der Verspätung meines Zuges zu bekommen. Die Anzeigetafeln blieben leer und die Bahnbeamten, die Stefan befragte, konnten ihm nicht weiterhelfen. So saß er stundenlang im Bahnhofsrestaurant, zusammen mit anderen Wartenden. Ab und zu ging er auf den Bahnsteig, immer in der Hoffnung, doch noch zu erfahren, wann der Zug eintreffen würde. Aber außer der Mitteilung »verspätet auf unbestimmte Zeit« bekam er keine Information, auch seine Rückfragen blieben unbeantwortet.

Als ich endlich in Wien eintraf, entstieg ich wie gerädert dem Zug. Wenn auch die Vorhersagen meiner Kinder nicht eingetroffen waren, so war die Reise doch in jeder Hinsicht von unvergesslichen Eindrücken geprägt.

Beeindruckendes China

Wir bereisten China Ende der neunziger Jahre. Stefan im Auftrag der Universität und ich nicht nur als Begleitung, denn ich war zu einem Vortrag an der Běidà-Universität in Peking eingeladen. Das Thema war natürlich wieder einmal die immerwährende Geschichte der unsterblichen Sisi. Der Vortrag dauerte eine knappe Stunde und als ich mich zum Gehen wenden wollte, wurde ich von einer Schar interessierter Studenten festgehalten. In perfektem Deutsch löcherten sie mich mit ihren tausend Fragen dann noch weitere zwei Stunden. Ich kam aus dem Staunen nicht heraus, denn ich konnte mir einfach nicht erklären, warum die österreichische Kaiserin ausgerechnet für die Chinesen so interessant sein konnte. Als ich schließlich diese Frage stellte, wurde mir gesagt, dass die Sissi-Filme von Ernst Marischka eine faszinierende Wirkung auf alle Chinesen ausübten und Jahr für Jahr Millionen vor den Fernseher lockten. Zum großen Bedauern der Zuschauer endete der dritte Teil

Glück gehabt!

des »Sissi-Märchens« für die chinesischen Fans der österreichischen Kaiserin viel zu früh, niemand weiß, wie sich das weitere Schicksal Elisabeths gestaltete. Vielleicht war dies ein Glück, denn die früh gealterte, beinahe zum Skelett heruntergehungerte Kaiserin hätte sicherlich ihren eigenen Nimbus in den Filmen zerstört.

Als man mich endlich gehen ließ, war es bereits stockdunkel. Auch die Dolmetscherin, die mich zu meiner Vortragstätte begleitet hatte, war froh, dass wir endlich aufbrechen konnten, um Stefan zu treffen, der mit seinen Kollegen irgendwo im riesigen Peking auf mich wartete. Durch die lange dauernde Diskussion war unser Zeitplan durcheinandergeraten und die Dolmetscherin musste Stefan erst ausfindig machen. Aber da in den Pekinger Restaurants um acht Uhr die Lichter ausgingen, konnte er mit seiner Begleitung nur in einem der sogenannten »Western-Lokalen«, wo man europäische Speisen konsumieren konnte, auf mich warten. Dort war es möglich, länger zu bleiben. Nach einer Irrfahrt durch die nächtliche Stadt fanden wir schließlich die Herren.

Ich schwor mir aber, nie wieder ohne einen genauen Treffpunkt, etwas Geld und einem Zimmerschlüssel durch eine fremde Stadt zu irren. Dass wir Stefan in der elf Millionen Einwohner Metropole gefunden haben, grenzt rückblickend an ein Wunder.

Unsere weitere Reise führte uns nach Chengdu in der Provinz Sichuan, wo wir äußerst freundlich vom

Beeindruckendes China

Rektor der Universität empfangen und betreut wurden. Unser Aufenthalt erstreckte sich über mehrere Tage, Stefan hielt einige Vorträge und schloss ein Abkommen zwischen der Universität Salzburg und der Universität Chengdu. Er war fast rund um die Uhr beschäftigt. Nur am Sonntag wusste man nicht so recht, was man mit uns anfangen sollte. Daher wurde beschlossen, dass wir mit einem Kleinbus nach Leshan fahren sollten, wo man einen 71 Meter hohen Buddha bestaunen konnte, dessen Figur in den Felsen gehauen war. Das Ohr der Halbstatue allein misst sieben Meter. Die Fahrt war anstrengend, da die Straßenverhältnisse katastrophal waren. Wir sanken von einer Schlammpfütze in die nächste und fürchteten bei jedem Schlagloch, dass die Achse des Autos brechen würde. Für eine Strecke von 160 Kilometern benötigten wir geschlagene vier Stunden. Wir konnten uns ausrechnen, dass auch die Rückfahrt so lange dauern würde. Was wir aber nicht ahnten, war, dass wir in einen Verkehrsstau kommen würden, sodass wir lange Zeit mitten in der Kolonne standen. Dabei sollten wir aber spätestens um halb sechs Uhr zurück sein, denn für sechs hatte der Rektor zu einem Abendessen eingeladen. Die Zeit lief dahin und wir standen und standen. Ein Ende des Staus war nicht in Sicht. Bei jedem Blick auf die Uhr wurden wir nervöser und Stefan meinte sogar, dass wir gar nicht mehr zu dem Empfang gehen sollten, da wir ohnedies nicht richtig angezogen waren. Dabei hatte

Glück gehabt!

er ein Sakko an, alle anderen waren, so wie ich, mit Hosen und einem leichten Shirt bekleidet, absolut nicht passend für einen offiziellen Empfang, schon gar nicht in China. Selbst die Herren, die uns am Flughafen abgeholt hatten, waren mit dunklen Anzügen, blühend weißen Hemden und mit passenden Krawatten elegant und formvollendet bekleidet gewesen.

Nachdem sich unser Auto endlich wieder in Bewegung gesetzt hatte, überredete ich Stefan, der Einladung trotz allem Folge zu leisten. Wie sich herausstellen sollte, wäre es ein absoluter Fauxpas gewesen, wenn wir nicht gekommen wären. Der Beginn des Abends verlief unvorstellbar skurril. Als wir bei dem Restaurant, in dem der Empfang stattfinden sollte, schmutzig und verschwitzt eintrafen, wurden wir von einem livrierten Diener empfangen, der unsere staubigen, schmutzigen Schuhe ignorierte und uns über einen roten Teppich, den man eigens für uns ausgerollte hatte, zu einem gläsernen, reich mit Gold verzierten Lift führte, in dem sich das Licht in den Kristallspiegeln brach. Das Restaurant lag im ersten Stock. Als wir aus dem Aufzug stiegen, blieb uns der Mund offen stehen. Es war Luxus pur, der uns empfing. Das Restaurant war in Halbdunkel gehüllt und wurde durch Dutzende Kerzen, die in hohen silbernen Kandelabern ihr angenehmes Licht verströmten, erhellt. Der Maître begrüßte uns mit auserlesener Höflichkeit und ließ mit keiner Miene erkennen, dass er über unser ungepflegtes Aussehen überrascht oder entsetzt war. Während er uns durch das Lokal geleitete, hörten wir leise Mozartklänge. Man hatte extra eine Pianistin engagiert, die uns mit Melodien des großen Komponisten erfreuen sollte. Sie spielte meisterhaft. Man hätte ihr stundenlang zuhören können, hätten wir nicht andere dringende Bedürfnisse gehabt: Die sanitären Anlagen auf dem platten Land waren unbeschreiblich und vor allem unbenutzbar. Die Damentoiletten waren oben und unten offen gewesen, außerdem nebeneinander ohne Zwischenwand so positioniert, dass man sich stundenlang miteinander unterhalten konnte. Für uns Europäer war dies mehr als merkwürdig und nicht unbedingt nach jedermanns – oder besser gesagt, »jederfraus« – Geschmack. Nachdem wir höflichkeitshalber unsere Bedürfnisse hintangestellt hatten, suchten wir nach angemessener Zeit den ersehnten Ort auf und kamen aus dem Staunen nicht heraus. Denn dieses Örtchen, das im Rest Chinas so stiefmütterlich behandelt wurde, entpuppte sich als Luxus-Toilette. Unter den Kristallspiegeln standen auf breiten Etageren Tiegel mit teuersten französischen Hautcremen und Parfums aus allen Ländern der westlichen Welt, daneben ungebrauchte flaumige Puderquasten und goldene Kämme. Alles glitzerte und funkelte wie in einem Märchenland. Als ich nach Verrichtung des Nötigsten den Knopf für die Spülung suchte, fand ich unter dem Plüsch, der das ganze Klo einhüllte, nichts, was ich betätigen

Glück gehabt!

konnte. So sehr ich auch herumsuchte, es war nirgendwo ein Hebel zu finden. Als die Dolmetscherin, die im Vorraum stand, an den Geräuschen merkte, dass ich schon beinahe das halbe WC demontiert hatte, sagte sie von draußen, dass ich nichts herunterlassen musste, denn das wäre Aufgabe der Klofrau. Ich glaubte nicht richtig zu hören, so unvorstellbar war diese Aussage für mich – und peinlich obendrein. Als wir unseren Platz an der Tafel, die mit exotischen Blumen, blinkendem Silber und geschliffenem Kristall überreich und wunderschön gedeckt war, einnahmen, bemerkten wir mit Erstaunen, dass unsere chinesischen Gastgeber, die sonst immer perfekt gekleidet waren, in karierten Hemden ohne Krawatte und Sakko erschienen waren. Unser Dolmetscher teilte uns mit: Die Herren Rektoren hatten bewusst diese Kleidung gewählt, um uns nicht zu blamieren, da allen bekannt war, dass wir auf Grund des Staus, in dem wir lange gestanden hatten, keine Möglichkeit mehr haben würden, uns umzuziehen. Zuerst hatte man den Restaurantchef benachrichtigt, dass die europäischen Gäste in Räuberzivil erscheinen würden, wobei man bat, dies vonseiten des Lokals zu tolerieren, denn auch die Gastgeber würden so erscheinen.
Dieser Abend ist mir in ewiger Erinnerung geblieben. Denn dass der Gast sich hier in diesem eleganten Restaurant unpassend gekleidet, wie er war, als König fühlen konnte, bewirkte die Feinfühligkeit und unvorstellbare Höflichkeit der Gastgeber.

Bange Minuten in Istanbul

In der türkischen Hauptstadt erwarteten wir keine Abenteuer, immerhin waren wir hochoffiziell Gäste der Universität Istanbul. Als die Einladungen zu Vorträgen an dieser bekannten Universität bei uns eintrafen, nahmen wir sie gerne an, da wir jedes Mal wieder vom orientalischen Charme der Metropole am Bosporus fasziniert und von der Gastfreundschaft der türkischen Kollegen hingerissen waren. Die Zeit hatte aber auch in Istanbul ihren Tribut gefordert. Als wir im Jahre 1966 das erste Mal dort weilten, waren wir nicht nur junge Leute mit wenig Geld, die sich aufgemacht hatten, die Welt zu erkunden, auch die Stadt bot uns ein anderes Bild, ganze Stadtteile existierten damals noch nicht, man konnte alle interessanten Ziele gemächlich zu Fuß oder mit Bussen erreichen, die nicht in stundenlangem Stau steckten, denn von übermäßigem Verkehr konnte keine Rede sein. „Tempora mutantur" – die Zeiten veränderten die Stadt und wir veränderten uns mit.

Glück gehabt!

Wir waren nicht nur um Jahrzehnte älter geworden, sondern hatten auch unsere Berufe gewechselt, Stefan an die Uni und ich ins Lager der Schriftsteller. Und da die Universität Salzburg zur Universität Istanbul gute Beziehungen pflegte, wurde Stefan mehrmals nach Istanbul eingeladen, um Abkommen zwischen den beiden Hochschulen zu schließen. Auch an mich war eine Einladung der Universität ergangen: Ich sollte aus meinem Buch »Karl V. – Herrscher zwischen den Zeiten und seine europäische Familie« vor den Germanisten lesen.

Die erste Etappe unserer Türkeireise war zunächst Izmir, wo wir beide auch an einer der Universitäten vortrugen. Nach den Vorlesungen entstanden immer interessante Diskussionen und da die türkischen Studenten die deutsche Sprache erstaunlich gut beherrschten, war es eine Freude, mit ihnen zu debattieren. Am Ende des Vortrages erlebte ich noch eine Überraschung: Eine Studentin kannte meine Bücher, die ich über die Kaiserin Elisabeth verfasst hatte. Sie begann mich über die legendäre Sisi auszufragen und am Schluss musste ich versprechen, dass ich das nächste Mal, sollte ich wieder nach Izmir kommen, unbedingt einen Vortrag oder eine Lesung über diese zur Legende gewordene Kaiserin halten würde. Wie schon in China war ich überrascht, dass die jungen Leute so an der österreichischen Kaiserin interessiert waren. Auf meine erstaunte Frage erhielt ich zur Antwort, dass vom Kleinkind bis zur Urgroßmutter jeder Mensch in der

Bange Minuten in Istanbul

Türkei die »Sissi-Filme« von Marischka mindestens dreimal gesehen hatte. Da in den Filmen das weitere Schicksal der Kaiserin nicht mehr beleuchtet wird, wussten die türkischen Studenten nicht, wie Elisabeth die Jahre bis zu ihrem gewaltsamen Tod verbracht hatte.
Nach dem Aufenthalt in Izmir kamen wir ziemlich müde in Istanbul an. Im Hotel empfing mich der Portier mit einer Fax-Nachricht, die mich erstarren ließ. In wenigen Worten wurde mir mitgeteilt, dass ich nicht vor Germanistikstudenten lesen sollte, sondern einen Vortrag zum Thema »Karl V. und die Osmanen« vor den Historikern halten sollte. Ich wusste im ersten Moment nicht, was ich machen sollte, denn erstens war ich auf ein ganz anderes Thema eingestellt – und hatte dieses auch sorgfältig vorbereitet – und zweitens, was sollte ich den türkischen Historikern über die Rolle der Osmanen in unseren Landstrichen erzählen? Mir war absolut nichts Positives bekannt, in unseren Quellen findet man nur grässliche Darstellungen ihrer brutalen Gewalt. Es schien für mich ein Ding der Unmöglichkeit, zu diesem Thema vor türkischen Fachleuten der Universität zu sprechen, ohne mich bis auf die Knochen zu blamieren.
Ich war der Verzweiflung nahe. Woher sollte ich am späten Nachmittag in Istanbul Unterlagen bekommen? Stefan meinte, ich sollte absagen mit der Begründung, krank zu sein. Mit diesem Gedanken spielte ich nur kurz und kam zu dem Schluss, mich

Glück gehabt!

der Sache zu stellen. Ich hatte mir über Jahre ein großes Wissen über Karl V. angeeignet, außerdem hatte ich mich mit seinem Bruder Ferdinand und dessen Kampf gegen die Osmanen ausgiebig beschäftigt. Ich war sicher kompetent genug, um wenigstens einen einstündigen Vortrag halten zu können. Die Zeit, ein gesamtes Konzept, das der Dolmetscher von mir haben wollte, auszuarbeiten fehlte mir leider. Ich hatte zwar meinen Laptop mit, aber keinen Drucker, sodass sich der Übersetzer mit einigen kurzen Sätzen zufriedengeben musste. Früher als geplant wurde ich von einem Taxi abgeholt, das mich zunächst zum österreichischen Konsulat brachte, wo man mir anbot, die wenigen Sätze für den Dolmetscher am Computer zu schreiben und auszudrucken. Dann ging es zur Universität, wo sich die Spitze der türkischen Historiker versammelt hatte, um meinen Ausführungen zu lauschen.

Gott sei Dank habe ich nicht die Nerven verloren und bin ruhig geblieben, denn während des Vortrages fielen mir Details, Jahreszahlen und Daten ein, die ich zuletzt während meines Studiums abrufen musste. Ich war selbst überrascht, welche Zahlen und Fakten ich nennen konnte. Als ich nach knapp einer Stunde zum Ende kam, hatte ich das Gefühl, aus dem Stegreif einen sehr interessanten und kompetenten Vortrag gehalten zu haben. In diesem Gefühl wurde ich noch bestärkt, da man mich anschließend bat, Fragen der Experten zu beant-

worten. Ich war zwar in meinen Aussagen eher vage, konnte aber dennoch zu den meisten Themen etwas sagen. Einzig die Einladung vom Institutsvorstand zu einem Round-Table-Gespräch lehnte ich dann doch ab.
Ich entschuldigte mich höflich mit der Ausrede, ich hätte noch einen weiteren wichtigen Termin.
Mein Termin hieß Stefan und wartete auf mich. Mit einem Seufzer der Erleichterung verließ ich das Universitätsgebäude, froh, mit zwei blauen Augen ohne Blamage davon gekommen zu sein.

Wir verbrachten noch einige Tage in Istanbul, um dann planmäßig die Heimreise anzutreten. Ein Taxi brachte uns zum Flughafen, wir gaben unsere schweren Koffer auf und machten uns mit dem Handgepäck auf den Weg zur Zollkontrolle. So wie immer trug Stefan meinen Laptop, der damals noch sehr gewichtig war, und ich ging hinterher, den Pass in der Hand. Als Stefan die Zöllner erreicht hatte, deuteten sie ihm, dass er den Laptop öffnen sollte. Und da Stefan sich immer und von allem Anfang an geweigert hatte, sich jemals mit Computern zu beschäftigen, hatte er keine Ahnung, wie das Ding aufgehen sollte. Ich stürzte von hinten herbei, als ich die Situation erkannte und versuchte, das Gerät zu öffnen. Das verstanden die Polizisten falsch. Mit einem Wink wurden wir aufgefordert, unser ausgebreitetes Handgepäck zusammenzuraffen und einem der Polizisten zu folgen, der uns höchst unfreundlich

Glück gehabt!

Anweisungen gab. Wir wurden durch das Flughafengebäude geführt, bis wir zu der Polizeistation kamen, wo sich in einem Raum mindestens sechs oder sieben Polizisten in Uniform befanden. Uns wurde kein Platz angeboten, in barschem Ton redeten sie auf uns auf Türkisch ein. Das Wort »Computer« war das einzige, das wir verstanden. Offenbar witterten die Polizisten irgendetwas Verbrecherisches, vor allem, da ich aus dem Laptop den Akku entfernt hatte, da er einerseits zu schwer war und andererseits immer wieder die Funktion des Laptops beeinträchtigte. Dieses Loch in dem Gerät, auf das Polizisten immer wieder hindeuteten, schien für sie ein Indiz zu sein, dass wir etwas im Schilde führten.

Ich fühlte mich hilflos der Willkür der türkischen Exekutive ausgeliefert. Wir verstanden kein Wort, sahen nur die drohenden Gesten der Polizisten, die heftig miteinander diskutierten und immer wieder auf uns zeigten, während wir dastanden und nicht wussten, was wir tun sollten. Die Situation war unerträglich. Ich hatte die Horrorvision vor Augen, dass wir auf Nimmerwiedersehen in einem türkischen Gefängnis verschwinden würden. In meiner Verzweiflung kam ich auf die Idee, das Schreiben der Universität Istanbul herauszuziehen und es dem Uniformierten in die Hand zu drücken. Obwohl bisher keiner der türkischen Polizisten mit uns auch nur ein Wort Englisch gesprochen hatte, merkte ich an seiner Reaktion, dass zumindest der Chef Englisch verstand. Ich begann ihm in einfachen Worten zu erklären, dass wir Gäste der Universität Istanbul wären, dort Vorträge gehalten hätten und ich daher den Laptop unbedingt benötigt hatte. Wenn er dies nicht glaubte, könnte er ruhig in der Universität Istanbul anrufen, um den Wahr-heitsgehalt meiner Aussage zu überprüfen.

Der Polizist, der Englisch konnte, schien mir zuzuhören und zu verstehen, was ich ihm zu erklären versuchte. Mit steinernem Gesicht studierte er den Text des Schreibens, den er nicht verstand, da er Deutsch war. Endlich wandte er sich an seine Kollegen, die nach wie vor mit düsteren Mienen dasaßen. Im Gegensatz zu ihrem Vorgesetzten wollten sie uns nicht gehen lassen. Nach einer Weile, die uns wie eine Ewigkeit vorkam, wandte sich der Uniformierte an uns und gab mir mein Schreiben zurück. Ohne ein Wort der Entschuldigung machte er eine höchst unfreundliche, aber eindeutige Handbewegung, dass wir uns entfernen sollten. Wir waren froh, noch einmal davongekommen zu sein. Seit damals muss Stefan weniger tragen, wenn wir durch die Sicherheitskontrollen auf den Flughäfen gehen. Ich schleppe meinen Laptop – und mag er noch so schwer sein – lieber selber. Sicher ist sicher.

Alle zehn Meter
liegt ein versunkenes Schiff ...

Mit dieser Aussage wollte meine Schwester uns von einer Reise abbringen, die man im Allgemeinen nicht als alltäglich bezeichnen kann. Wir planten – zu ihrem Entsetzen – eine Fahrt ums Kap Hoorn. Dabei war sie nicht die einzige, die an den Reiseplänen zweifelte. Während ich Feuer und Flamme war für die Kreuzfahrtroute von Buenos Aires nach Valparaiso in Chile, zeigte sich Stefan weniger begeistert. Er meinte, es wäre für ihn eine zu große gesundheitliche Strapaze, da er nicht seefest ist. Er befürchtete, dass ihm durch den starken Seegang, der auf dieser Route zu erwarten war, pausenlos übel sein würde. Dieses Argument musste ich verstehen und so sah ich mich nach einer weniger abenteuerlichen Route um.
Es war noch kein Jahr vergangen, als Stefan mich zu meinem Geburtstag damit überraschte, dass er die Fahrt ums Kap Hoorn doch wagen wollte. Schlimmstenfalls, meinte er, gäbe es Tabletten, die ihm das Seefahren erleichtern würden.

Glück gehabt!

Voll gespannter Erwartung buchte ich die Kreuzfahrt bei einer norwegischen Linie, die unter amerikanischer Flagge fuhr. Ich bestellte eine Außenkabine mit Balkon auf einem der oberen Decks, damit wir jederzeit den Küstenverlauf verfolgen konnten, denn in Chile – das wusste ich vom ausführlichen Studieren der Reiseprospekte – verlief die Route landnah, vor allem natürlich in den Fjorden.

Getrübt wurde unsere Vorfreude nur von den Schauergeschichten unseres Sohnes und meiner Schwester: Bis zu dreißig Meter hohe Wellen sollte es angeblich am Kap bei Sturm geben, außerdem war es absolut unsicher, dass wir Kap Hoorn jemals zu Gesicht bekommen würden, da meist dichter Nebel den Felsen einhüllte. Trotz diesen Schauermärchen machten wir uns ohne Furcht auf, diesen interessanten Teil Südamerikas zu entdecken.

Bevor wir die Reise antreten konnten, galt es allerdings, noch einige Schwierigkeiten zu überwinden. Am Flughafen in Wien teilte man uns mit, dass nicht sicher sein würde, dass wir in Paris unsere Maschine nach Buenos Aires erreichen würden, da in der französischen Hauptstadt die Fluglotsen einen Streik angekündigt hätten. Wir saßen also in Schwechat, leicht auf die Folter gespannt und warteten auf spärliche Durchsagen mit Informationen unseren Flug betreffend. Schlussendlich wurden wir aber nur von Gate zu Gate geschickt, um schließlich wieder zum ursprünglichen zurückzukehren. Dieses

Alle zehn Meter liegt ein versunkenes Schiff...

Hin und Her zeigte uns, wie kompliziert es sein musste, wenn irgendwo in Europa im Flugverkehr nicht alles planmäßig ablief. Das Herumrangieren erwies sich für uns dennoch als Vorteil, da wir dabei uralte Bekannte, die wir jahrzehntelang nicht mehr gesehen hatten, trafen. Das Ehepaar Rudi und Maxi Ratzenberger, die mit ihren Linzer Freunden, dem Ehepaar Prinz, auch auf die Maschine nach Paris wartete. Es dauerte nicht lange und wir sechs waren in angeregte Gespräche vertieft, sodass die Wartezeit rascher verging. Zu sechst ließ sich auch das Chaos am Pariser Flughafen, auf dem wir mit einigen Stunden Verspätung eintrafen, leichter bewältigen. Der Flug nach Buenos Aires verlief wider Erwarten ohne Probleme und wir landeten am Vormittag in der argentinischen Hauptstadt. Direkt nach unserer Ankunft im Hotel wurden wir vor die Wahl gestellt, ob wir uns ausrasten oder mit einer Stadtführerin gleich einen Bummel durch das Zentrum machen wollten. Die Entscheidung war, obwohl wir todmüde waren, gleich gefallen. Wie hätten wir uns jetzt niederlegen können, wenn wir nur einen Tag in Buenos Aires verbringen würden? So schleppten wir unsere müden Knochen in der für uns ungewohnten Hitze im Februar durch die Gassen und über die Plätze. Zu Mittag kehrten wir ausgerechnet in einem italienischen Restaurant ein, denn die Küche in Buenos Aires ist bereits genauso international wie überall anders. Über unseren Köpfen lief ununterbrochen ein Fernseher und obwohl man nicht hinschauen wollte, warf man doch ab und zu einen Blick auf die Bilder. Plötzlich erschien in einer dicken Schlagzeile der Satz: Terramoto en Chile – Erdbeben in Chile. Gleich darauf wurden die ersten Bilder von eingestürzten Häusern und zerstörten Brücken gezeigt, auch der Tower am Flughafen war beschädigt. Die Region rund um Santiago hatte es besonders schlimm erwischt. Auch wir waren indirekt von diesem Beben betroffen, denn der Endpunkt unserer Südamerikareise sollte Santiago de Chile sein.

Nach einer Stadtrundfahrt am nächsten Tag besuchten wir den berühmten Friedhof, auf dem auch die wahre Evita Perón im Duarte-Familiengrab beigesetzt sein soll. Man würde vermuten, dass die von so vielen vergötterte Evita an der Seite ihres Gemahls Juan Perón ihre letzte Ruhestätte gefunden hätte. Nach dem Tode der umstrittenen Politikerin hatte man jedoch befürchtet, dass ihr Leichnam gestohlen und von Gegnern geschändet werden würde. Aus diesem Grund fertigte man verschiedene Duplikate der Leiche an, von denen eine falsche Evita sogar bis nach Italien gekommen war. Niemand wusste mehr genau, wo die echte Evita tatsächlich ruhte. Wahrscheinlich wirklich im Grab ihrer Familie.

Alles, was für Touristen aus aller Herren Länder in Buenos Aires sehenswert erscheint, wurde auch uns gezeigt und natürlich durfte eine Tango-Show am späten Abend nicht fehlen. Obwohl wir wussten, dass die Vorstellung eher folkloristisch war, beeindruckten uns die feurigen Rhythmen und die akrobatische Kunst der Tänzer und Tänzerinnen. Da wir am nächsten Tag noch Zeit hatten, besuchten wir das alte Hafenviertel, wo schon zu Mittag sich die Tangotänzer zwischen den essenden Gästen produzierten. Etwas, das mich an die Jazztrompeter in New Orleans erinnerte, wo auch rund um die Uhr gespielt wurde. Leider hatten wir nicht die Zeit, uns gemütlich in ein Restaurant zu setzen, um die eigentümliche Atmosphäre zu genießen. Für drei Uhr war die Einschiffung festgesetzt und diese stellte sich als reinstes Chaos heraus. Es gab weder Gepäckträger, sodass unser neuer Reisegefährte Peter Prinz hilflos neben vier Koffern stand und nicht wusste, wie er diese und seine frisch hüftoperierte Frau an Bord bekommen sollte. Auch die Vergabe der Kabinen war unorganisiert und konfus. Wir kämpften uns mit großen Schwierigkeiten durch den unwahrscheinlichen Trubel, schafften es aber schließlich doch, die Gangway hinaufzusteigen und unsere Kabine zu finden, die Gott sei Dank dem entsprach, was wir gebucht hatten. Als die Fanfare zum Abschied ertönte, konnten wir endlich aufatmen. Im Licht des untergehenden Tages glitt unser Schiff auf dem spiegelglatten Río de la Plata hinaus aufs offene Meer.

Unsere nächste Station sollte – bevor wir die Falklandinseln anliefen – die Hauptstadt von Uruguay sein. Als wir in Montevideo von Bord gingen – der Hafen liegt ziemlich zentral zur Altstadt – erlebten

Glück gehabt!

wir etwas Unheimliches. Die Stadt wirkte wie ausgestorben, die Rollläden waren an allen Geschäften heruntergelassen, wir begegneten kaum Menschen und hatten wir pulsierenden Verkehr erwartet, so zählten wir kaum eine Handvoll Autos und dies an einem gewöhnlichen Montag. Die sonst so quicklebendige Metropole glich einer Geisterstadt. Wir konnten uns dies nicht erklären, bis wir eine Eskorte der Polizei erblickten, die mit rasender Geschwindigkeit durch die Straßen fegte und dahinter mehrere Limousinen, bei denen die Fenster verhangen waren. Ein Einheimischer, den wir befragten, erklärte uns, dass die amerikanische Außenministerin Hillary Clinton auf Staatsbesuch in Montevideo weilte, um dem neugewählten Staatspräsidenten einen Antrittsbesuch abzustatten. Dieses Treffen, so erklärte er weiter, wäre von besonderer Wichtigkeit, auch für Argentinien, denn die Beziehungen zu England hätten sich in letzter Zeit deutlich verschlechtert. Um einen zweiten Falklandkrieg vorzubeugen, in dem es nicht darum ging, zu welchem Land die Inseln gehören sollten, sondern vor allem um die Ausbeutung der Ölvorkommen, sollte Hillary Clinton über indirekte Kontakte, die über den Präsidenten von Uruguay zustande gekommen waren, den Argentiniern den Rücken stärken. Jetzt wurde uns erst bewusst, warum uns von der Reederei mitgeteilt worden war, dass es noch gar nicht sicher war, dass wir die Falklandinseln anlaufen würden, so wie dies im Reiseverlauf beschrieben wurde.

Alle zehn Meter liegt ein versunkenes Schiff...

Da das Schiff aber unter amerikanischer Flagge fuhr, gab es bei der Landung auf den Falklandinseln keine Schwierigkeiten. Die Überfahrt zur Inselgruppe verlief ebenfalls problemlos, obwohl wir lange Zeit über den offenen Atlantik fuhren. Bei düsterem Wetter erreichten wir die vor Jahren heftig umkämpften Inseln, auf denen junge Männer sinnlos ihr Leben lassen mussten. Für jeden denkenden Menschen ein politischer Wahnsinn, um dieses gottverlassene Gebiet einen Krieg zu führen. Erdöl hin oder her, die Falklandinseln sind meiner Meinung nach keinen einzigen Tropfen Blutes wert. Wir verbrachten auf unseren weiten Reisen etliche Tage in einsamen Gegenden, aber die Falklandinseln zählen für mich zum Tristesten, was ich je gesehen habe. Außer völlig uninteressanten Kirchen und einer Unzahl von Pubs gibt es dort nichts, was die Inseln einigermaßen einnehmend erscheinen ließe. Die Straßen, die man entlang geht, enden nirgendwo, denn immer wieder kommt nach einem Hügel der nächste, sodass man keinen Blick ins Landesinnere werfen kann. Dazu kam ein Wetter, das die Tristesse noch verstärkte. Bei Wind, Nebel und Kälte konnten wir an unserem Tag auf den Inseln keinen Gefallen finden. Halberfroren labten wir uns in einem typisch englischen Pub, bevor wir wieder das Tenderboot bestiegen, das uns auf das gemütliche Schiff brachte.

Unsere Weiterreise gestaltete sich in den nächsten Tagen spannend. Würden wir Kap Hoorn ansteuern

Glück gehabt!

können? Würde das Wetter mitspielen, sodass wir den Anblick der Südspitze Südamerikas genießen konnten? Denn nur bei gutem Wetter würde unser Schiff zuerst um Kap Hoorn fahren, um dann in den Beaglekanal einzubiegen. Wir waren voller Hoffnung, denn die See war erstaunlich ruhig, die Wellen erreichten höchstens eine Höhe von einem Meter, sodass anzunehmen war, dass in den nächsten Tagen kein Sturm aufkommen würde. Und so war es auch. Im Abendlicht erblickten wir nicht weit von uns entfernt das ominöse Kap, es gab keine dreißig Meter hohen Wellen und uns wurde der Anblick des majestätischen Felsens zuteil. Es war für jeden von uns eine eindrucksvolle Stunde, als wir langsam um das Kap fuhren. Unser Kapitän meldete sich über das Bordmikrofon und erzählte, dass er noch niemals das Kap Hoorn so schön in der Abendsonne gesehen hätte. Auch die Schiffsbesatzung, mit der wir ins Gespräch kamen, behauptete, das Kap noch nie zuvor gesehen zu haben, da bisher immer dichte Nebelschwaden den südlichsten Punkt Südamerikas eingehüllt hätten. Wir hatten einmaliges Glück.

Als wir in den Beaglekanal einfuhren, begann es zu regnen, was wir heftig bedauerten, wartete doch hier ein weiteres Schauspiel. In den Reiseführern war zu lesen gewesen, dass breite Gletscher bis ans Wasser herunter reichten, wobei man ab und zu erleben könnte, dass riesige Eisbrocken abbrachen, sodass die Gletscher kalbten. Schade, dachten wir, als wir im

Alle zehn Meter liegt ein versunkenes Schiff ...

Regen dahinglitten, von einer dichten Nebelwand umgeben. Aber vielleicht hörte Petrus hoch über uns unsere Bitten, denn plötzlich riss der nasse Vorhang auf und wie bestellt kam die Sonne durch und beleuchtete die Gletscher auf beiden Seiten des Kanals. Es war ein unbeschreibliches, unvergessliches Naturschauspiel.

Als wir uns der chilenischen Küste näherten, erinnerten wir uns kaum noch an das Erdbeben, das im mittleren Teil von Chile gewütet hatte. Alles schien in ruhigen Bahnen zu verlaufen, wir unternahmen Landausflüge in den verschiedenen Städten, die wir anliefen. Dabei mieteten wir uns ein Taxi und fuhren meistens mit den »Prinzen« durch die Orte und in die Umgebung, besuchten den südlichsten Golfplatz der Welt und bedauerten nur, hier nicht ein paar Löcher spielen zu können. Der Zeitplan war gut durchdacht, sodass wir nirgendwo ins Gedränge kamen. Selbst mit Sprachschwierigkeiten hatten wir nicht zu kämpfen, denn ich erklärte in italienischer Sprache den Taxifahrern, welches Ziel wir ansteuern wollten und sie antworteten auf Spanisch, sodass ich mir halbwegs zusammenreimen konnte, was sie meinten.

Am 8. März waren wir in Punta Arenas an Land gegangen und hatten dort einen interessanten Tag verbracht. Vor allem die Friedhöfe in den südamerikanischen Kleinstädten gehören zu den schönsten Sehenswürdigkeiten. Die Grabmonumente, die man für die Verstorbenen mit viel Aufwand errichtet,

Glück gehabt!

suchen in Europa ihresgleichen. Man errichtet den toten Angehörigen nicht nur kleine Villen, die liebevoll ausgeschmückt werden, sondern stellt überall Blumen auf und behängt die Fenster, die es in den Bauten gibt, mit Spitzen- und Samtvorhängen, als wäre der hier Bestattete noch am Leben.
Als wir am frühen Abend zum Hafen zurückkamen, sah ich erstaunt aufs Meer hinaus, denn entgegen aller Wettervorhersagen konnte man schon nahe dem Ufer mächtige Schaumkronen erkennen. In der Wetterinformation, die wir Tag für Tag von der Reederei bekamen war von hoher See keine Rede gewesen, im Gegenteil, die Wellenhöhe war mit höchstens eineinhalb Metern angegeben. Da konnten sich doch beim besten Willen keine Schaumkronen bilden. Wir hatten an diesem Abend einen Grund zum Feiern und legten uns erst gegen Mitternacht zur Ruhe, aber auch zu diesem Zeitpunkt war von einem stärkeren Seegang noch keine Spur, sodass wir ruhig einschliefen.
Mitten in der Nacht aber wurden wir unsanft aus unseren Träumen gerissen. Irgendetwas fiel in unserer Kabine mit lautem Krach zu Boden. Schlaftrunken registrierten wir, dass in der Kajüte alles in Bewegung geraten war: Die Kosmetikfläschchen hatten sich selbstständig gemacht und fielen aus den Regalen und im nächsten Moment die Rettungswesten. Als wir die Sachen aufheben wollten, merkten wir, dass wir uns kaum auf den Beinen halten konnten, denn das riesige Schiff schwankte wie ein

Alle zehn Meter liegt ein versunkenes Schiff...

kleiner Kahn auf dem Meer. Mit Mühe tappten wir zu unserem Bett zurück. Es dauerte nicht lange, da war die Stimme des Kapitäns zu vernehmen, der uns mitteilte, dass wir in einen Orkan mit Windstärke zwölf geraten waren und auf Grund des hohen Wellenganges die Kabine nicht verlassen sollten. Auf keinen Fall durften die Türen und Fenster geöffnet werden, denn es bestünde absolute Lebensgefahr für jeden, der ins Freie wollte. Nun erlebten wir das, vor dem meine Schwester gewarnt hatte. Zwar waren die Wellen keine dreißig Meter hoch, aber dennoch hoch genug.
Allmählich wurde es hell. Wir lagen nach wie vor auf unseren Betten, schluckten vorsichtshalber unsere Tabletten gegen Seekrankheit und warteten. Da kein Steward zu sehen war, konnten wir auch nicht erwarten, von irgendwoher Frühstück zu bekommen. Mit einem leicht mulmigen Magen war uns aber ohnedies nicht zum Essen zumute. Später erfuhren wir, dass beinahe die gesamte Mannschaft seekrank war, obwohl die Schiffsbegleiter eigentlich geeicht hätten sein müssen.
Als es Mittag wurde und der Sturm immer noch nicht nachgelassen hatte, machte ich Stefan den Vorschlag, einmal zu schauen, ob irgendjemand auf dem Schiff uns nähere Auskünfte geben könnte. Wir standen also von unseren Betten auf und klebten im nächsten Moment schon an der Kabinentür, die ungefähr drei Meter von unserer Liegestatt entfernt war. Das Schiff hatte in dem Au-

Glück gehabt!

genblick, als wir unser Bett verließen, in dem Orkan Schlagseite bekommen. Das Schiff lag so schräg, dass wir nur mit Mühe bergauf zu unserem Bett gelangen konnten. An ein Verlassen der Kabine war nicht zu denken, daher erlebten wir die wahrhaft dramatischen Momente, als das Schiff kippte, nur in unserer Kabine mit. Unsere Reisefreunde, die zu dieser Zeit in einem der Restaurants speisen wollten, berichteten uns, dass plötzlich mit einem Schlag, wie von Geisterhand geführt, sich die Stühle, auf denen die Gäste saßen, in Bewegung setzten und durch den Raum schlitterten, während die Teller, das Besteck, die Gläser und Flaschen mit lautem Krach zu Boden fielen. Das Bild der Verwüstung war unvorstellbar und vor allem für das Personal eine Katastrophe. Alles musste so schnell wie möglich gereinigt werden und das von Menschen, denen speiübel war.

Mein Mann und ich lagen währenddessen auf unseren schräg stehenden Betten und warteten darauf, dass das Schiff wieder in eine normale Position gebracht wurde. Und plötzlich machte die NCL einen kräftigen Ruck und sie stand so im Wind, dass sie wieder manövrierfähig war. Zwar dauerte es noch einige Zeit, bis der Steuermann die »Norwegian Sun« in einen chilenischen Fjord dirigiert hatte, wo der Orkan seine volle Kraft nicht entfalten konnte, aber das Abenteuer war glimpflich ausgegangen.

Alle zehn Meter liegt ein versunkenes Schiff...

Unsere Weiterfahrt war geprägt von Ungewissheiten. Niemand wusste, ob und wie wir von Santiago de Chile weiterreisen sollten, da der Flughafen noch nicht voll funktionsfähig war. Auf das erste schwere Erdbeben war ein zweites, beinahe ebenso starkes gefolgt, sodass die Möglichkeit bestand, dass man den Flughafen nur für Hilfstransporte öffnen würde. Die Passagiere des Kreuzfahrtschiffe sollten auf andere Art ihre Heimreise antreten. Da aber die chilenische Regierung internationale Hilfe ablehnte und voller Stolz erklärte, dass man selber in der Lage sein würde, die Erdbebenopfer entsprechend zu versorgen, bestand für uns doch die Möglichkeit, von Santiago aus heimfliegen zu können.

Pünktlich gingen wir in Valparaiso an Land, nachdem wir einen beinahe traurigen Blick auf unser vorübergehendes Heim geworfen hatten. Man glaubt gar nicht, wie einem in drei Wochen ein Schiff ans Herz wachsen kann. Mit Bussen fuhren wir in die chilenische Hauptstadt, wo noch eine Stadtrundfahrt mit anschließender Führung durch die Innenstadt auf dem Programm stand. Ich muss gestehen, die beschädigten Balkone und meist schon etwas herabhängenden Gesimse machten mir Angst. Mit immer nach oben gerichtetem Blick fürchtete ich, dass durch den geringsten Erdstoß sich Steine lösen und die darunter Gehenden erschlagen könnten. Die Zerstörungen, die das Erdbeben verursacht hatte und die wir nun hautnah zu sehen bekamen, waren katastrophal. Einige alte Brücken

und Steintreppen an historischen Gebäuden aus der Kolonialzeit waren eingestürzt und zerstört. Eigenartigerweise hingen aber an den über hundert Meter hohen Wolkenkratzern höchstens ein paar Balkone schief, ansonsten sah man keine Beschädigungen. Es war den Architekten doch gelungen, halbwegs erdbebensichere Häuser zu bauen.
Ganz im Gegensatz zu den allgemeinen Berichten war der Flughafen von Santiago nicht so stark zerstört. Lediglich die Abflughalle konnte nicht betreten werden, so hatte man Zelte zum Check-In aufgestellt. Aber auch hier war Vorsicht angebracht. Nach wie vor war die Erde nicht zur Ruhe gekommen, jederzeit war ein weiteres Beben möglich. Als wir alle Formalitäten beim Check-In erledigt hatten und unsere Flugzeug besteigen konnten, legte sich die letzte Nervosität. Auch wenn sie irrational waren, begleitete uns die Angst vor einem Erdbeben doch die ganze Zeit, die wir in Santiago verbrachten.

Noch ein letztes Wort ...

Wie Sie sehen, haben wir alle Abenteuer unbeschadet überlebt. Wir haben eben Glück gehabt. Daher eine Frage an Sie: Haben Sie nicht Lust, mit uns auf Reisen zu gehen? Ich lade Sie jedenfalls herzlich dazu ein. Wenn Ihnen auch turbulente Zeiten ins Haus stehen werden, es geht letztlich alles gut aus. Daher können Sie sich sicher vorstellen, dass wir trotz der vielfältigen Abenteuer, die immer und überall auf uns gewartet haben, wieder unser Bündel schnüren werden, um noch einige Ecken dieser schönen Welt zu erkunden. Dabei schließen wir – und das wird Sie sicherlich in Erstaunen versetzen – auch Schiffsreisen nicht aus. Warum auch nicht? Um irgendwelche Unglücksfälle zu vermeiden, dürften wir uns auch nicht mehr in ein Auto setzen, geschweige denn ein Flugzeug besteigen. Ja, nicht einmal zu Fuß wären wir sicher. Am besten wäre es überhaupt, den ganzen Tag zu Hause zu bleiben und sich das Essen ans Bett bringen zu lassen.

Glück gehabt!

Aber Sie werden mit mir einer Meinung sein: In dieser Weise seine Tage zu verbringen und die Zeit totzuschlagen, wäre auch nicht unbedingt wünschenswert. Daher stürzen wir uns frohen Mutes in weitere Reisen, vielleicht mit etwas weniger Aufregung und – so hoffen wir doch – sanfteren Erlebnissen. Wir sind schon gespannt darauf.